DICCIONARIO DIDÁCTICO DEL LENGUAJE DEL BALONCESTO EN INGLÉS Y ESPAÑOL

Diego Lázaro García

Pedro Lázaro Lafuente

2022

ÍNDICE

1. <u>INTRODUCCIÓN</u>

Este diccionario es una recopilación de la terminología que se usa actualmente en el baloncesto en inglés y español. También se incluyen aquellos términos deportivos generales necesarios para una comprensión global de este deporte.

En la elaboración de este doble diccionario inglés-español y español-inglés se han utilizado publicaciones análogas sobre baloncesto de Estados Unidos y España: periódicos, revistas, enciclopedias, libros técnicos y estudios terminológicos; también se han recogido términos de los comentaristas televisivos de estos dos países.

Se ha intentado que este diccionario sea útil no solo como medio de consulta, sino que pueda cumplir una labor pedagógica. Con el objetivo de animar a su lectura, se han incluido numerosos ejemplos y explicaciones. Además, muchos de los términos incluidos en el diccionario llevan una serie de referencias que envían a otros términos asociados, con lo que se crea un circuito interno de referencias.

El diccionario presenta también una lista de los términos definidos estructurada en seis secciones, para facilitar la búsqueda o el estudio de una terminología más específica relativa a los siguientes aspectos: 1- campo y canastas, 2- reglas de juego, arbitraje y árbitros, 3- fundamentos, 4- tácticas y entrenadores, 5- jugadores y equipos y 6- partidos y competiciones.

Al final del diccionario, para aquellos que deseen practicar y comprobar sus conocimientos sobre el lenguaje del baloncesto en inglés, se incluyen una serie de ejercicios y pasatiempos didácticos de distintos niveles de dificultad, en los que se puede ejercitar y aprender la terminología que aparece en el diccionario.

Este doble diccionario está dirigido al amplio círculo de jugadores, entrenadores, docentes, estudiantes, árbitros, aficionados y medios de comunicación que componen el "mundo del baloncesto", con el objetivo de servir de ayuda a la hora de una lectura o conversación sobre baloncesto en inglés y español al disponer del vocabulario específico de este deporte en los dos idiomas.

Escrito por Diego Lázaro García, licenciado en Ciencias de la Actividad Física y del Deporte y Pedro Lázaro Lafuente, licenciado en Filología Inglesa, con el objetivo de extender su pasión por el baloncesto y proporcionar una herramienta para su mejor conocimiento.

ESTRUCTURA Y USO DEL DICCIONARIO

Todos los términos de los diccionarios English-Spanish y Español-Inglés están ordenados alfabéticamente de la A a la Z. En caso de términos compuestos o expresiones, el orden lo indica el primer componente. Además, muchos de los términos incluidos en los diccionarios llevan una serie de remisiones (en español en el English-Spanish y en inglés en el Español-Inglés) que envían a otros términos asociados, con lo que se crea un circuito interno de referencias. El código empleado para definir los términos es el siguiente:

(angl).	- Anglicismo.	- Anglicism.
(adj).	- Adjetivo.	- Adjective.
(adv).	- Adverbio.	- Adverb.
(n).	- Nombre.	- Noun.
(nf).	- Nombre femenino	- Feminine noun.
(nm).	- Nombre masculino.	- Masculine noun.
(nm/f).	- Nombre masculino/femenino	- Masculine/feminine noun.
(np).	- Nombre plural.	- Plural noun.
(prep).	- Preposición.	- Preposition.
(v).	- Verbo.	- Verb.
(UK).	- Inglés británico.	- British English.

1-, 2-, (etc)   - Indica las distintas acepciones dentro de un mismo término.

Ejemplo: **BASKET**.- (n). **1-** (the rim and the net) ...
         2- (a converted shot) ...

a), b), (etc)   - Indica significados parecidos o relacionados dentro de un mismo término.

Ejemplo: **PICK**.- (n). ...
   ‹ **To come off a PICK**.- (v). ...
     a) (between the opponent and the pick) ...
     b) (between the pick and the teammate) ...
     c) (switching) ...

‹   - Se refiere a expresiones o frases hechas en las que aparece el término definido.

Ejemplo: **FUNDAMENTOS**.- (np). ...
   ‹ **FUNDAMENTOS defensivos**.- ...
   ‹ **FUNDAMENTOS ofensivos**.- ...

*

- Incluye notas o explicaciones sobre los términos, especialmente datos sobre las reglas y diferencias entre el baloncesto FIBA y NBA.

Ejemplo: **TIME**.- (n). **1**- (of play). ...
     ‹ **Regulation TIME**.- ...
       * (FIBA).- ...
       * (NBA).- ...

"..."

- Entre comillas figuran los ejemplos en los dos idiomas que se dan sobre los términos.

Ejemplo: **DOMINIO DEL BALÓN**.- (n). ...

*"Tiene un excelente **dominio del balón**: Has an excellent ball handling".*

(...)

- Entre paréntesis aparecen definiciones o aclaraciones sobre algunos términos.

Ejemplo: **ASSIGNMENT**.- (n). (task of a player on the court). ...

} Ver / } See

- a) Envía a un término más común.

Ejemplo: **BUCKET**.- (n). ... } **Ver** BASKET(1)(2).

- b) Envía a un término que amplía información.

Ejemplo: **MACHACAR**.- (v). ... } **See** MATE.

} Tb. / } Also

- Indica un término con similar o igual significado.

Ejemplo: **PACE**.- (n). ... } **Tb.** TEMPO.

} Ver t. / } See a.

- Lleva a términos asociados o relacionados.

Ejemplo: **PIVOT**.- (n). ... } **See a.** POSTE.

- Numerosos términos aparecen con más de una de estas referencias.

Ejemplo: **TAP**.- (v). ... } **Tb.** TIP. **Ver t.** TAP-IN.

2. <u>DICTIONARY OF BASKETBALL TERMS</u>
<u>ENGLISH-SPANISH</u>

A

ACT OF SHOOTING.- (n). Acción de tirar. Acción de tiro.
‹ **Foul in the ACT OF SHOOTING**.- Falta en la acción de tirar/de tiro. *"Amaya Valdemoro was hit on the arm **in the act of shooting** and the referee awarded two free throws: Golpearon a Amaya Valdemoro en el brazo en la acción de tiro y el árbitro concedió dos tiros libres".*

ADJUST.- (v). **Ajustar**. *"To **adjust** the defense: Ajustar la defensa".*

ADJUSTMENT.- (n). **Ajuste**.
‹ **To make an ADJUSTMENT**.- (v). **Hacer un ajuste**. *"The coach wanted **to make some adjustments** and requested a timeout: El entrenador quería hacer algunos ajustes y solicitó un tiempo muerto".*

AHEAD.- (adv). (in front of in a game or competition). **Delante (de). Por delante**. (en un partido o competición). } Ver t. UP.
‹ **To be AHEAD**.- (v). **Estar delante. Ir delante. Ir ganando. Llevar ventaja**. *"Dallas Mavericks **were ahead** most of the game: Dallas Mavericks fueron ganando la mayor parte del partido".*
‹ **To put AHEAD**.- (v). (on the scoreboard). **Poner por delante**. (en el marcador). *"Jason Tatum's jumper **put** Boston Celtics **ahead** with 30" left in overtime: El tiro en suspensión de Jason Tatum puso a los Boston Celtics por delante a falta de 30" en la prórroga".*

AIR BALL.- (n). (shot). **Tiro al aire**. (tiro que no toca ni el aro ni el tablero).

ALIGNMENT.- (n). (position of the players on the court). **Formación**. (posición de los jugadores en el campo). *"Defensive **alignment**: Formación defensiva".* } Ver t. LINE-UP.

ALIVE.- (adj). (the ball). **En juego. "Vivo"**. (el balón).
‹ **ALIVE ball**.- **Balón en juego**.

ALLEY-OOP.- (n). **1**- (pass). **Pase bombeado cerca del aro. 'Aliup'**. (angl).
2- (shot). **Mate de pase bombeado**.

ALL-STAR GAME.- (NBA). **Partido de las estrellas**.

ALL-STAR PLAYER.- (NBA). **Jugador que ha participado en un partido de las estrellas**. *"Kevin Garnett and Tim Duncan are 15-time **All-Star players**: Kevin Garnett y Tim Duncan han participado en 15 partidos de las estrellas".*

ALTERNATE.- (n). (player). **Reserva. Suplente. Sustituta/o**. } Tb. BACK-UP. RESERVE. SUBSTITUTE.

ANTICIPATE.- (v). **Anticiparse (a)**.

ANTICIPATION.- (n). **Anticipación**.

ARC.- (n). **Línea de 3 puntos**. *"Luka Doncic scored a jumper from outside the **arc**: Luka Doncic metió un tiro en suspensión desde detrás de la línea de 3 puntos".* } Tb. THREE-POINT LINE.

AREA.- (n). **Área**.
‹ **Restricted AREA**.- (free throw area). **Área restringida**. (área de tiros libres). } Ver FREE THROW.

ARENA.- (n). **'Arena'**. (angl). **Pabellón de deportes. Polideportivo**. *"New York Knicks play at the Madison Square Garden **Arena**: Los New York Knicks juegan en el pabellón del Madison Square Garden".* } Tb. SPORTS CENTER.

ASSIGN.- (v). (a task to a player on the court). **Asignar**. (una tarea a un jugador en el campo).

ASSIGNMENT.- (n). (task of a player on the court). **Asignación**. (tarea de un jugador en el campo). *"Has a defensive **assignment**: Tiene una asignación defensiva".*

ASSIST.- (n). (a pass that leads to a basket). **Asistencia.** (pase que da lugar a una canasta). *"Elena Tornikidou leads the league in assists: Elena Tornikidou va la primera de la liga en asistencias".* } Ver t. PASS.
‹ **To give an ASSIST**.- (v). **Dar una asistencia.**

ASSIST.- (v). **Dar una asistencia.**

ATTACK.- (n). **1-** **Ataque.** } Tb. OFFENSE.
‹ **Inside ATTACK**.- **Ataque por dentro** (de la zona). **Ataque interior.**
‹ **Outside ATTACK**.- **Ataque por fuera** (de la zona). **Ataque exterior.**
2- (offensive system). **Ataque.** (sistema de ataque). } Ver OFFENSE(2). Ver t. GAME(2).

ATTACK.- (v). **Atacar.**

ATTACKER.- (n). (player). **Atacante.**

ATTEMPT.- (n). (shot). **Intento. Lanzamiento. Tiro lanzado.** *"Sergio Rodríguez missed his first attempt from the three-point line: Sergio Rodríguez falló su primer intento desde la línea de tres puntos".* } Ver t. FREE THROW. SHOT. TRY.
‹ **To make an ATTEMPT**.- (v). **Hacer un intento. Lanzar un tiro.** *"Shaquille O'Neal made five attempts from the free throw line but only converted two: Shaquille O'Neal hizo cinco intentos desde la línea de tiros libres pero solo convirtió two".*

ATTEMPT.- (v). (shoot). **Intentar. Hacer un intento. Lanzar.** (un tiro). *"Laia Palau attempted five 3-pointers: Laia Palau lanzó cinco triples".* } Tb. TRY.

AVERAGE.- (n). **Media. Promedio.** *"Karl Malone has an average of twelve rebounds per game: Karl Malone tiene un promedio de doce rebotes por partido".* } Ver t. PERCENTAGE.

AVERAGE.- (v). **Promediar. Hacer/Tener un promedio.** *"Dennis Rodman averaged fifteen rebounds per game last season: Dennis Rodman tuvo un promedio de quince rebotes por partido la temporada anterior".*

AWARD.- (v). (the referee). **Conceder. Dar.** (el árbitro). *"The referee awarded Karl-Anthony Towns an additional free throw: El árbitro concedió un tiro libre adicional a Karl-Anthony Towns".* } Ver CALL.

B

BACK.- (v). **Defender por detrás.** } Ver t. FRONT.

BACKBOARD.- (n). **Tablero.** } Tb. BANGBOARD. BANKBOARD. BOARD. GLASS.
‹ **BACKBOARD marking**.- **Cuadro. Rectángulo. Recuadro.** (del tablero).
‹ **BACKBOARD supports**.- **Soportes.** (de los tableros).

BACKCOURT.- (n). **1-** (defensive half-court of a team). **Medio campo defensivo. Pista trasera.** (de un equipo). } Ver t. FRONTCOURT(1).
2- (the guards' playing area on attack). **Exterior. Perímetro.** (área de juego de los bases en ataque). *"Zion Williamson still has to improve his backcourt game: Zion Williamson todavía tiene que mejorar su juego exterior".* } Tb. PERIMETER. Ver t. FRONTCOURT(2).
3- (players). **Jugadores exteriores. Jugadores de fuera. Jugadores de perímetro. Base y escolta. "Los bases".** *"James Harden and Russell Westbrook are possibly the best backcourt this season: James Harden y Russell Westbrook son posiblemente los mejores jugadores exteriores esta temporada".* } Tb. BACKCOURTMEN. Ver t. FRONTCOURT(3).

BACKCOURTMEN.- (n). } Ver BACKCOURT(3).

BACKCOURT VIOLATION.- (n). **1-** (return to the backcourt after crossing the division line with possession of the ball). **Campo atrás.** (balón devuelto al medio campo defensivo después de haber cruzado la línea central con posesión de balón). } Tb. OVER AND BACK.

2- (to fail to cross the division line within 8" after gained possession of the ball in the backcourt). **Violación de la regla de los 8".** (no cruzar la línea central en 8" después de ganar la posesión del balón en el medio campo defensivo). } Ver t. EIGHT SECONDS.

BACKDOOR.- (n). **Puerta atrás.**
‹ **BACKDOOR play.**- Jugada de puerta atrás.
‹ **Fake and BACKDOOR.**- Finta y puerta atrás.
‹ **To go BACKDOOR.**- (v). **Hacer una puerta atrás.**

BACK IRON.- (n). **Soporte. Hierro.** (del aro).

BACK-TO-BACK.- (adj). (wins/defeats). **Consecutiva/o.** (victorias/derrotas).

BACK-UP.- (n). (of a player). **Reserva. Suplente. Sustituta/o.** (de un jugador). *"Manu Ginobili is the best back-up guard: Manu Ginobili es el mejor escolta reserva".* } Tb. ALTERNATE. RESERVE. SUBSTITUTE.

BALANCE.- (n). **Balance. Equilibrio.** *"Defensive balance: Balance defensivo".*

BALL.- (n). **Balón. Pelota.** *"Basketball ball: Balón de baloncesto".*
‹ **BALL in play.**- Balón en juego.
‹ **To put the BALL in.**- (v). **Anotar. Encestar.** } Ver SCORE.
‹ **To put the BALL in play.**- (v). **Poner el balón en juego.**
‹ **To put the BALL on the floor.**- (v). **Botar** (el balón). } Ver BOUNCE. DRIBBLE.
‹ **To put the BALL up.**- (v). **Lanzar. Tirar.** (el balón a canasta). } Ver SHOOT. THROW.
‹ **To work the BALL.**- (v). a) (around). **Mover el balón.** b) (off to). **Pasar el balón a.** } Ver PASS.

BALL CONTROL.- (n). **1- Control. Dominio. Manejo.** (del balón). *"Tony Parker has an amazing ball control: Tony Parker tiene un increíble dominio del balón".* } Tb. BALL HANDLING.
2- (in play). **Control del balón.** (en juego).
‹ **BALL CONTROL player.**- (n). **Jugador con control/posesión del balón.**

‹ **To play BALL CONTROL.**- (v). **Jugar controlando el balón.** } Ver t. CONTROL BASKETBALL.

BALL HANDLE.- (n). } Ver BALL HANDLING.

BALL HANDLER.- (n). **1-** (in play). **Jugador que posee el balón. Jugador con control de balón.** (en juego). } Ver t. DRIBBLER.
2- (player with good ball handling). **Jugador que maneja/domina bien el balón.**

BALL HANDLING.- (n). **Control. Dominio. Manejo.** (del balón). } Tb. BALL CONTROL.

BALL HAWK.- (n). (a good defensive player). **Buen defensor. Jugador que defiende bien.** *"Paul George is a ball hawk: Paul George es un buen defensor".*

BANGBOARD.- (n). **Tablero.** } Ver GLASS. BACKBOARD.

BANK.- (v). **Tirar al tablero.**

BANKBOARD.- (n). **Tablero.** } Ver GLASS. BACKBOARD.

BANKER.- (n). **Tiro al tablero. Tiro a tabla.** } Ver SHOT.
‹ **Leaning BANKER.**- Tiro apoyándose en el tablero.

BASELINE.- (n). **1-** (the line). **Línea de fondo.** } Tb. END LINE. Ver LINE.
2- (area near the base line). **Fondo del campo. Fondo.** (área cerca de la línea de fondo). *"Tamika Catchings drove to the basket along the baseline: Tamika Catchings entró a canasta por la línea de fondo".* } Ver COURT
‹ **BASELINE play.**- Jugada por el fondo. (por la línea de fondo).
‹ **To go BASELINE.**- (v). **Cortar por la línea de fondo. Cortar por el fondo.** (del campo).

BASKET.- (n). **1-** (the rim and net). **Canasta. Cesta. Cesto.** (el aro y la red). } Tb. BUCKET. GOAL. HOOP.
‹ **BASKET ring.**- Aro. (de la canasta). } Tb. RIM.

‹ **BASKET support**.- Soporte de la canasta.
‹ **Opponent('s) BASKET**.- Canasta contraria. Canasta de los contrarios.
‹ **Own BASKET**.- Canasta propia.
‹ **To change BASKETS**.- (v). Cambiar de campo/canasta.
‹ **To choose BASKETS**.- (v). Elegir campo/canasta.
‹ **To go to the BASKET**.- (v). Entrar. Hacer una entrada. Penetrar (a canasta). } Ver DRIVE.
‹ **To toss (up) for BASKETS**.- (v). Sortear el campo/las canastas.
2- (a converted shot). **Canasta. Cesta. Enceste**. (tiro convertido). "*Barcelona won the game on a* **basket** *by Juan Carlos Navarro from the left side: El Barcelona ganó el partido con una canasta de Juan Carlos Navarro desde el lado izquierdo*". } Ver t. FIELD GOAL. FREE THROW.
‹ **No BASKET**.- Canasta anulada. Canasta no válida.
‹ **One-point BASKET**.- Canasta de un punto.
‹ **Two-point BASKET**.- Canasta de dos puntos.
‹ **Three-point BASKET**.- Canasta de tres puntos. Triple. } Tb. THREE-POINTER.
‹ **To cancel a BASKET**.- (v). Anular/cancelar una canasta.
‹ **To score a BASKET**.- (v). Encestar. Marcar. Meter. (una canasta).

BASKETBALL.- (n). **1**- (game). **Baloncesto. Básquetbol**. (angl).
‹ **BASKETBALL player**.- (n). Jugador de baloncesto. Baloncestista. Basquetbolista.
2- (ball). **Balón. Pelota**. (de baloncesto).

BASKETBALLER.- (n). Jugador/a de baloncesto. Baloncestista. Basquetbolista. } Ver PLAYER.

BASKET-HANGER.- (n). (player). Jugador que no baja a defender. Palomera/o.

BASKET INTERFERENCE.- (n). (violation). Interferencia con la canasta. Interposición a la canasta. } Ver t. INTERFERE.

BEAT.- (v). **1**- (the opponent team). Derrotar. Batir. Ganar. Vencer. (al equipo contrario). } Tb. DEFEAT. WIN.

2- (a defender). **Superar a/el marcaje de. Escaparse de. Deshacerse de. Irse de**. (un defensor). "*Damian Lillard* **beat** *his man with a fake: Damian Lillard superó el marcaje de su defensor con una finta*".

BENCH.- (n). **1**- (for the reserve players). **Banco. Banquillo**. (para los jugadores reservas).
‹ **BENCH area**.- (n). (on the courtside). **Área/ Zona de banquillo**. (en el lateral del campo). } Tb. COACH'S BOX.
‹ **To come off the BENCH**.- (v). Salir del banquillo. (a jugar). "*Lisa Leslie* **came off the bench** *with 1' left and scored six points: Lisa Leslie salió del banquillo a falta de 1' y marcó seis puntos*".
2- (the reserve players). **Banquillo. Reservas**. (los jugadores reservas).
‹ **BENCH depth**.- (buenos jugadores reservas). **Buen banquillo. Profundidad de banquillo**. "*Phoenix Mercury has the* **deepest bench**: *Las Phoenix Mercury tienen el mejor banquillo*".
‹ **BENCH scoring**.- Puntos del banquillo/de los jugadores reservas.
‹ **BENCH warmer**.- (player). **Calientabanquillos**.

BENCH.- (v). **Sentar en el banquillo**. "*Carmelo Anthony missed four straight shots and got* **benched** *for the rest of the quarter: Carmelo Anthony falló cuatro tiros seguidos y estuvo sentado en el banquillo el resto del cuarto*". } Tb. SIDELINE.

BERTH.- (n). **1**- (a player's position on a team). **Puesto. Posición**. (de un jugador en el equipo). } Ver POSITION(2).
‹ **Starting BERTH**.- (n). (a player). **Puesto de titular. Titular**. (un jugador).
2- (a place in the NBA play-offs). **Puesto. Plaza**. (en las series eliminatorias de la NBA). } Ver PLAY-OFF.

BIG GUN.- (n). (high scoring player). **Anotador/a. Encestador/a**. (jugador/a). } Ver SCORER(2).

BLOCK.- (n). **1**- (team). **Bloque**. (equipo).
2- (foul). **Bloqueo illegal. Obstrucción**. (falta). } Ver BLOCKING.
3- (a blocked shot). **Tapón**.

BLOCK.- (v). **1**- (a pass). **Cortar. Interceptar.** (un pase). } Tb. INTERCEPT. Ver t. STEAL.
2- (a shot). **Poner un tapón. Interceptar.** (un tiro). } Tb. REJECT. Ver t. BLOCKED SHOT.
3- (a shot when goaltending). **Bloquear. Interceptar.** (un tiro en trayectoria descendiente). } Ver t. GOALTENDING.
4- (foul). **Obstruir. Bloquear ilegalmente.** (falta). } Tb. BLOCKING.

BLOCKED SHOT.- (n). **Tapón.** } Tb. REJECTION. Ver t. SHOT BLOCKER.

BLOCKING.- (n). (foul). **Obstrucción. Bloqueo ilegal.** (falta).

BLOCK OFF.- (v). } Ver BOX OUT.

BLOCK OUT.- (v). } Ver BOX OUT.

BOARD.- (n). Short for BACKBOARD. **Tablero.**

BOARDS.- (n). (rebounding sense). **El rebote.** (rebotear). *"Bill Russell is the king of the boards: Bill Russell es el rey de los rebotes".*
‹ **The battle of the BOARDS**.- La lucha en/ bajo los tableros.
‹ **To control/dominate the BOARDS**.- (v). Controlar/dominar los tableros. (los rebotes).
‹ **To crash/bang the BOARDS**.- (v). Rebotear con fuerza/agresivamente.

BODY-CHECK.- (n). (defending with the body). **Bloqueo defensivo.** (con el cuerpo en defensa).

BONUS SITUATION.- (n). (after exceeding the number of team fouls allowed to a team). **Situación de tiros libres. Bonus.** (angl). (cuando un equipo sobrepasa el número de faltas de equipo permitidas). } Tb. PENALTY SITUATION.

BOOK.- (n). Short for SCORE BOOK. **Acta.** (del partido). } Tb. SCORESHEET.

BOTH WAYS.- (n). **Las dos/ambas manos.**
‹ **To go BOTH WAYS**.- (v). (when shooting or dribbling). **Dominar/Usar las dos manos.** (al tirar o botar). } Ver t. HAND.

BOUNCE.- (n). (of the ball). **1**- **Bote.** (del balón). } Ver DRIBBLE.
2- **Rebote.** (del balón). } Ver REBOUND.

BOUNCE.- (v). (the ball). **1**- **Botar.** (el balón). } Ver DRIBBLE.
2- **Rebotar.** (el balón). *"The ball **bounced** off the rim: El balón rebotó en el aro".*

BOUNDARY.- (n). (of the court). **Límite.** (del campo). } Ver LINE.
‹ **BOUNDARY lines/BOUNDARIES**.- **Líneas limítrofes. Líneas de demarcación.** (del campo).

BOUNDS.- } Ver INBOUNDS. OUT OF BOUNDS.

BOX/BOX AND ONE.- (n). (defensive system). **Caja/Cajón y uno.** (sistema defensivo). } Ver t. DEFENSE(3). DIAMOND-AND-ONE.

BOX OUT.- (v). **Bloquear/Cerrar el rebote.** } Tb. BLOCK OFF. BLOCK OUT. SCREEN OUT.

BOX SCORE.- (n). (statistical summary of a game). **Resumen de estadísticas.** (de un partido). } Ver t. STANDINGS. STATISTICS.

BREAK.- (n). **1**- **Apertura. Salida al contraataque.** } Ver t. FAST BREAK.
‹ **Quick BREAK**.- **Apertura/Salida rápida.** (al contraataque). *"Gary Payton stole the ball and made a **quick break** to the basket: Gary Payton robó el balón e hizo una apertura rápida hacia la canasta".*
2- Short for FAST BREAK.- **Contraataque.**

BREAKAWAY.- (n). **Contraataque.** } Ver FAST BREAK.

BRICK.- (n). (a very bad shot). **Ladrillo. Pedrada.**

BUCKET.- (n). } Ver BASKET(1)(2).

BURST.- (n). (scoring streak). **Parcial. Racha.** (en el marcador). *"CB Al-Qázeres tied the game after a 14-3 **burst**: El CB Al-Qázeres empató el partido después de un parcial de 14-3".* } Tb. RUN. SPREE. SPURT

BURY.- (v). (a shot). **Clavar**. (un tiro). } Ver SCORE.

BUZZER.- (n). (end of the game signal). **Bocina**. (señal de final del partido). *"Kawhi Leonard hit a 20-footer at the buzzer: Kawhi Leonard encestó un tiro desde 6 metros sobre la bocina"*.
‹ **BUZZER shot**.- **Tiro en el último segundo**. (sobre la bocina final).

C

CAGE.- (n). (old name given to basketball in the early days of the game in the USA). **Baloncesto**. (antiguo nombre dado al baloncesto en los principios del deporte en los EEUU).

CAGER.- (n). (old name for a basketball player). **Jugador/a de baloncesto. Baloncestista**. (antiguo nombre para 'jugador/a de baloncesto').

CALL.- (n). (of the referee). **Decisión. Señal. Señalización**. (del árbitro). *"It wasn't a good call: No fue una buena decisión"* } Tb. DECISION. Ver t. HAND-SIGNAL.

CALL.- (v). **1-** (the referee). **Indicar. Señalar. Pitar**. (el árbitro). } Tb. SIGNAL. WHISTLE. **2-** (for a set play). **Marcar. Señalar**. (una jugada de ataque). *"Kyrie Irving called for a set play: Kyrie Irving marcó una jugada de ataque"*.

CAN.- (v). (a shot). **Encestar. Meter**. (un tiro). *"Maya Moore canned an 18-footer: Maya Moore encestó un tiro desde 5,50 metros"*. } Ver SCORE.

CANCEL SCORE.- (v). (the referee). **Anular una canasta. Canasta no válida**. *"The referee cancelled the score after watching the instant replay: El árbitro anuló la canasta tras ver la revisión instantánea"*.

CAPTAIN.- (n). (of a team). **Capitán/a**. (de un equipo).

CARRY THE BALL.- (v). (violation). **Acompañar el balón**. } Tb. PALM THE BALL.

CARRYING THE BALL.- (n). (violation). **Acompañamiento del balón**. } Tb. PALMING THE BALL.

CATCH-UP.- (n). (style of play). **A remontar**. (estilo de juego). *"Gernika KESB had to play catch-up ball most of the second half: El Gernika KESB tuvo que jugar a remontar la mayor parte del segundo tiempo"*. } Ver t. COME FROM BEHIND. COME BACK.
‹ **To play CATCH-UP**.- (v). **Jugar para conseguir el empate/tratar de igualar**.

CENTER.- (n). (player). **Pívot. Poste. "Centro"**. } Ver PIVOT. POST.

CHAMPIONSHIP.- (n). **Campeonato**. *"Detroit Pistons won back-to-back NBA championships in 1989 and 1990: Los Detroit Pistons ganaron dos campeonatos de la NBA consecutivos en 1989 y 1990"*. } Ver t. COMPETITION.

CHANGE.- (n). **Cambio**.
‹ **CHANGE of a player**.- (by the coach). **Cambio/ Sustitución de un jugador**. (por el entrenador). } Tb. SUBSTITUTION.
‹ **CHANGE of direction**.- **Cambio de dirección**. } Ver DRIBBLE.
‹ **CHANGE of baskets/ends**.- **Cambio de canastas/campo**. } Ver BASKET(1).
‹ **CHANGE of pace/tempo**.- (in a game). **Cambio de ritmo**. (en un partido).
‹ **CHANGE of speed**.- (a player). **Cambio de ritmo**. (un jugador).

CHANGE.- (v). **Cambiar**.
‹ **To CHANGE a player**.- (by the coach). **Cambiar. Sustituir. Reemplazar**. (a un jugador por el entrenador). } Tb. REPLACE. SUBSTITUTE.
‹ **To CHANGE direction**.- **Cambiar de dirección**. } Ver DRIBBLE.
‹ **To CHANGE baskets/ends**.- **Cambiar de canasta/campo**. } Ver t. BASKET(1).
‹ **To CHANGE the pace/tempo**.- (of a game). **Cambiar el ritmo**. (de un partido).

‹ **To CHANGE speed**.- (a player). **Cambiar de ritmo. Hacer un cambio de ritmo.** (un jugador).

CHANGING ROOM.- (n). **Vestuario.**

CHARGE.- (v). (foul). **Cargar. Hacer una carga.** (falta).

CHARGE/CHARGING.- (n). **1**- (foul). **Carga.**
‹ **To take a CHARGE**.- (v). **Aguantar una carga.** "*Laura Nicholls was in good (defensive) position so she **took the charge** and drew a foul: Laura Nicholls tenía buena posición defensiva, así que aguantó la carga y provocó una falta personal*".
2- (offensive foul). **Falta en ataque.**

CHARITY LINE/STRIPE.- (n). **Línea de tiros libres.** } Ver FREE THROW LINE.

CHARITY SHOT.- (n). **Tiro libre.** } Ver FREE THROW.

CHASER.- (n). (the front player in a zone defense). **Jugador más adelantado.** (en una defensa en zona). } Ver t. BOX-AND-ONE.

CHECK.- (n). **Contacto.** } Ver t. CONTACT.
‹ **Body-CHECK**.- **Contacto con el cuerpo. Bloqueo defensivo.** } Ver PICK. SCREEN.
‹ **Hand-CHECK**.- **Contacto con la mano. Tocar con la mano.** } Ver HAND-CHECK.

CHECK.- (v). **1**- (defend). **Defender. Marcar. Cubrir.** } Tb. COVER. DEFEND. GUARD. PLAY(3).
2- (to contact with the hand the player one is defending). **Hacer contacto con la mano. Tocar con la mano.** (al jugador que se defiende). } Tb. HAND CHECK. Ver t. HACK.

CHECKING.- (n). Ver CHECK

CHEMISTRY.- (n). (of a team). **Compenetración. Juego de/en equipo.** "Química". "*Washington Wizards have to improve their team **chemistry**: Los Washington Wizards tienen que mejorar su compenetración/juego en equipo*".

CHERRY-PICKER.- (n). } Ver BASKET-HANGER.

CHIPPIE.- (n). (an easy shot near the basket). **Tiro fácil.** (cerca de la canasta).

CIRCLE.- (n). **Círculo.**
‹ **Center/Tip-off CIRCLE**.- **Círculo central.**
‹ **Free throw CIRCLE**.- **Círculo de tiro libre.**
‹ **Restraining CIRCLE**.- **Círculo restringido.**

CLEAR (OUT).- (v). **Aclarar. Hacer un aclarado.** "*Philadelphia 76ers **cleared** a space to allow Allen Iverson to go one-on-one against his opponent: Los Philadelphia 76ers aclararon un espacio para permitir a Allen Iverson hacer un uno contra uno contra su oponente*".

CLINCH.- (v). **1**- (assure the victory in a game). **Asegurar(se). Remachar. Sentenciar. Sellar.** (la victoria en un partido). "*Unicaja Málaga **clinched** the victory with a 12 point lead and one minute left: El Unicaja Málaga se aseguró la victoria con una ventaja de 12 puntos a falta de un minuto para el final*".
2- (to win before the end of a tournament). **Ganar matemáticamente/por anticipado.** "*With three games remaining for the end of the season Chicago Bulls have **clinched** the title: Los Chicago Bulls ganaron matemáticamente el título a falta de tres partidos para el final de la temporada*".

CLINIC.- (n). **Cursillo. Curso. Seminario.** (lecciones prácticas de baloncesto).

CLOCK.- (n). **Reloj.**
‹ **Stop-CLOCK**.- **Cronómetro.**
1- (game clock). **Cronómetro del partido.**
‹ **To start CLOCK**.- (v). (ball in play). **Comenzar el tiempo.** (balón en juego).
‹ **To stop CLOCK**.- (ball not in play). **Parar el tiempo.** (balón no en juego).
2- (shooting/shot clock). **Cronómetro del tiempo de posesión de balón.**
‹ **24" Shooting/shot CLOCK**.- **Cronómetro de los 24".**
‹ **24" Shot CLOCK operator**.- **Encargado/Operador del cronómetro de los 24".**
‹ **To run out the CLOCK/work the CLOCK down**.- (v). (a team). **Dejar correr/pasar el tiempo.** (un equipo).

CLOCK.- (v). **Cronometrar. Llevar el tiempo.** } Tb. TIME.

CLUTCH.- (n). (decisive situation in a game). **Momento decisivo/crucial/clave.** (en un partido). *"Reggie Miller has always been very good in the clutch: Reggie Miller siempre ha sido muy bueno en los momentos decisivos".* } Tb. CRUNCH TIME.
‹ **CLUTCH shooter**.- (a player who can make a big play in a match fairly consistently). **Tirador que decide/se la juega.** (en los momentos decisivos de un partido con bastante frecuencia).

COACH.- (n). **Entrenador/a. Preparador/a.**
‹ **Assistant COACH**.- **Ayudante del entrenador. Segundo entrenador.**
‹ **Head-COACH**.- **Primer entrenador.**

COACH.- (v). **1**- (a team). **Entrenar. Preparar.** (a un equipo). } Ver t. PRACTISE. TRAIN. WORK OUT.
2- (a team during a game). **Dirigir.** (a un equipo en un partido).

COACH'S BOX.- (n). (on the courtside). **Área/zona de banquillo. Área para el entrenador.** (en el lateral del campo). } Tb. BENCH AREA.

COAST-TO-COAST.- (adj). (a basket). **De canasta a canasta.** "De costa a costa". (una canasta).

COLD.- (adj). (a player). **Fría/o. Sin encestar.** (un jugador). } Ver HAND.

COLLAPSE.- (v). (on defense). **Flotar. Cerrarse.** (en defensa). *"Orlando Magic are used to collapsing into the paint on defense: Los Orlando Magic están acostumbrados a flotar hacia la zona en defensa".* } Ver SAG.

COME BACK.- (v). (a team in a game). **Remontar.** (un equipo en un partido). *"After trailing most of the second half, CB Miraflores came back to win by two: Después de ir perdiendo la mayor parte del segundo tiempo, el CB Miraflores remontó el partido y ganó por dos puntos".* } Tb. COME FROM BEHIND. RALLY. Ver t. CATCH-UP.

COME FROM BEHIND.- (v). **Remontar.** *"Perfumerías Avenida came from behind and won the game: El Perfumerías Avenida remontó y ganó el partido".* } Tb. COME BACK. RALLY. Ver t. CATCH-UP.

COMMIT.- (v). (a foul). **Cometer. Hacer.** (una falta). *"Rasheed Wallace commited three fouls in just two minutes: Rasheed Wallace cometió tres faltas en solo dos minutos".*

COMPETITION.- (n). **Competición.** } Tb. TOURNAMENT. Ver t. CHAMPIONSHIP. LEAGUE.
‹ **COMPETITION programme**.- **Programa de la competición.**
‹ **COMPETITION rules**.- **Reglas de la competición.**
‹ **COMPETITION schedule**.- **Horario de la competición.**
‹ **COMPETITION sites**.- **Sedes de la competición.**

CONFERENCE.- (n). (NBA). **Conferencia.** *"East and West conferences: Conferencias Este y Oeste".* } Ver t. DIVISION.

CONNECT.- (v). (a shot). **Conectar. Encestar. Meter.** (un tiro). *"Alba Torrens connected from 20 feet: Alba Torrens encestó desde 6 metros".* } Tb. HIT. Ver SCORE.

CONTACT.- (n). **Contacto.** } Ver t. CHECK. HAND-CHECK.
‹ **Marginal CONTACT**.- **Contacto accidental.**
‹ **Personal CONTACT**.- **Contacto personal.**

CONTINUATION.- (n). (of a play). **Acción continua. Continuación.** *"Nikola Jokic was fouled but scored on the continuation: Le hicieron falta a Nikola Jokic pero encestó en la continuación".* } Ver t. ACT OF SHOOTING.

CONTROL.- (n). **Control.**
‹ **CONTROL of the ball**.- (handling). **Control del balón.** (manejo). } Ver BALL CONTROL. BALL HANDLING.
‹ **CONTROL of the ball**.- (in play). **Control del balón.** (en juego).

‹ **CONTROL of the game**.- (leading the score). **Control del partido**. (llevando ventaja en el marcador). *"They had **control of the game** midway through the final quarter: Tuvieron el control del partido hasta la mitad del último cuarto".*
‹ **To gain CONTROL of the ball**.- (v). **Ganar el control del balón**.
‹ **To keep CONTROL of the ball**.- (v). **Mantener el control del balón**.
‹ **To lose CONTROL of the ball**.- (v). **Perder el control del balón**.

CONTROL.- (v). **Controlar**.
‹ **To CONTROL**.- (the ball). **Controlar. Dominar. Manejar**. (el balón). } Ver BALL HANDLING.
‹ **To CONTROL**.- (the ball in play). **Controlar**. (el balón en juego).
‹ **To CONTROL the pace/tempo**.- (of the game). **Controlar el ritmo**. (del partido).
‹ **To CONTROL the boards**.- **Controlar los rebotes/tableros**. } Ver t. REBOUND.

CONTROL BASKETBALL.- (n). (style of play). **Baloncesto control**. (estilo de juego). } Ver t. BALL CONTROL(2).

CONVERSION.- (n). (a converted free throw). **Tiro libre convertido**. *"If Anthony Davis makes a **conversion**, it's a three-point play: Si Anthony Davis convierte el tiro libre, es una jugada de tres puntos".*

CONVERT.- (v). (a free throw). **Transformar. Convertir**. (un tiro libre). *"She **converted** both free throws: Ella convirtió los dos tiros libres".*

CORDS.- (n). **Redes**. } Tb. NETS.

CORNER.- (n). (of the court). **Esquina. Ala**. (del campo). } Tb. WING(2).

CORNERMAN.- (n). (player). **Ala. Alero**. (jugador/a). } Ver FORWARD.

COUNT.- (n). (time control). **Cuenta**. (control del tiempo).
‹ **Eight-second COUNT**.- **Cuenta de los ocho segundos**.

‹ **Five-second COUNT**.- **Cuenta de los cinco segundos**.
‹ **Three-second COUNT**.- **Cuenta de los tres segundos**.

COUNTER-ATTACK.- (n). **Contraataque**. } Ver FAST BREAK.

COURT.- (n). **Campo. Cancha. Pista**. } Tb. FIELD. Ver LINE. Ver t. BACKCOURT. DOWNCOURT. FRONTCOURT. MIDCOURT. UPCOURT.
‹ **COURT-side**.- **Banda. Lateral del campo**.
‹ **Full COURT**.- **Todo el campo**.
‹ **Half COURT**.- **Medio campo**.
‹ **Home-COURT**.- (of a team). **Campo propio**. (de un equipo).
 * **Home-COURT advantage**.- a) **Ventaja de jugar en campo propio**. b) (in a play-off series). **Derecho a jugar un partido más en casa**. (en una serie eliminatoria).
‹ **To see the COURT**.- (v). **Tener visión de juego/campo. Ver el juego**.

COURT SENSE.- (n). } Ver. COURT VISION.

COURT VISION.- (n). **Visión de juego. Visión de campo**. } Tb. COURT SENSE. FLOOR SENSE.

COVER.- (v). (an opponent). **Cubrir. Defender. Marcar**. (a un contrario). } Tb. DEFEND. GUARD. PLAY(3).

COVERAGE.- (n). **Marcaje**. } Tb. DEFENSE(2). GUARDING.

CROSSOVER/CROSS-OVER STEP.- (n). **Paso de salida cruzado. Salida de paso cruzado. Cruce de piernas**. } Ver t. DRIBBLE. STEP.

CRUNCH TIME.- (n). (in a game). **Momento decisivo/crucial/clave. Minutos finales**. (en un partido). *"They really need her scoring at **crunch time**: Cuando de verdad necesitan sus puntos es en los momentos decisivos".*

CUT.- (n). **Corte**.
‹ **Flash CUT**.- **Corte rápido**. } Ver t. FLASH.
‹ **V-CUT**.- **Corte en V**.

<u>CUT</u>.- (v). **Cortar. Hacer un corte.** *"Sue Bird gave a fake and* **cut** *towards the basket: Sue Bird hizo una finta y cortó hacia la canasta".*

<u>CUTTER</u>.- (n). **Jugador que hace un corte. Jugador que corta. Cortador/a.**

D

<u>DEAD</u>.- (adj). (the ball). **No en juego. "Muerto".** (el balón).
‹ **DEAD ball**.- (not in play). **Balón muerto.** (sin estar en juego).

<u>DECISION</u>.- (n). (of the referee). **Decisión.** (del árbitro). } Ver CALL.
‹ **To make a DECISION**.- (v). **Señalar. Pitar.** } Ver CALL.

<u>DEFAULT</u>.- (n). (of a team). **Incomparecencia.** (de un equipo). **No presentarse.** (a jugar). *"They won by* **default**: *Ganaron por incomparecencia".*

<u>DEFAULT</u>.- (v). **Perder por incomparecencia. Perder por no presentarse.** (a jugar).

<u>DEFEAT</u>.- (n). **Derrota.**

<u>DEFEAT</u>.- (v). **Batir. Derrotar. Ganar. Vencer.** } Tb. BEAT. WIN. Ver t. EDGE. ROUT.

<u>DEFENCE</u>.- (n). (UK). } See DEFENSE.

<u>DEFEND</u>.- (v). **1-** (general). **Defender.**
2- (an opponent). **Defender. Cubrir. Marcar.** (a un contrario). } Tb. COVER. GUARD. PLAY(3). Ver t. BACK. FRONT.

<u>DEFENDER</u>.- (n). (player). **Defensor/a.** } Ver t. MARKER.
‹ **Stationary DEFENDER**.- (an established position). **Defensor parado.** (con posición defensiva establecida).

‹ **To beat a DEFENDER**.- (v). **Escaparse (de). Irse (de). Superar (a)/el marcaje (de).** (un defensor).
‹ **To isolate a DEFENDER**.- (v). **Aislar a un defensor.**

<u>DEFENSE</u>.- (n). **1-** (defensive play). **Defensa.** (juego defensivo).
‹ **Individual DEFENSE**.- **Defensa individual.**
‹ **Team DEFENSE**.- **Defensa del equipo.**
2- (guarding). **Defensa.** (marcaje). } Tb. COVERING. GUARDING.
3- (defensive system). **Defensa.** (sistema defensivo).
‹ **Collapsing/Sagging DEFENSE**.- **Defensa de flotación.**
‹ **Combination DEFENSE**.- (zone and man-to-man defense). **Defensa combinada/mixta.** (en zona y al hombre). } Ver BOX/BOX-AND-ONE. DIAMOND-AND-ONE. TRIANGLE AND TWO.
‹ **Denial DEFENSE**.- **Defensa de negación.**
‹ **Illegal DEFENSE**.- **Defensa ilegal.**
‹ **Man-for-man/Man-on-man/Man-to-man DEFENSE**.- **Defensa al hombre/individual.**
‹ **Man-to-man pressure defense**.- **Defensa individual/al hombre presionante.**
‹ **Match-up/Spot-up DEFENSE**.- (the same as the opponents' attack). **Defensa de ajuste.** (igual que el ataque de los contrarios).
‹ **Pressing DEFENSE**.- **Defensa presionante. a)** (full-court pressing). **Presión a/en todo el campo. b)** (half-court pressing). **Presión a/en medio campo.**
‹ **Transition DEFENSE**.- **Defensa de transición.**
‹ **Zone DEFENSE**.- **Defensa en zona. Defensa zonal.** } Ver t. ZONE.
‹ **Zone press/trap DEFENSE**.- **Defensa en zona presionante.**
‹ **To read a DEFENSE**.- (v). (to recognize the opponents' defensive system). **Leer una defensa.** (reconocer el sistema defensivo de los contrarios). *"Jimmy Butler is an expert at* **reading the defense**: *Jimmy Butler es un experto leyendo la defensa (del rival)".*

<u>DEFENSIVE</u>.- (adj). **Defensiva/o.**
‹ **DEFENSIVE assignment**.- **Asignación/tarea defensiva.**

‹ **DEFENSIVE balance**.- Balance defensivo.
‹ **DEFENSIVE foul**.- Falta en defensa.
‹ **DEFENSIVE play**.- Juego defensivo. } Ver DEFENSA(3).
‹ **DEFENSIVE player**.- a). } Ver DEFENDER. b). (a specialist on defense). **Jugador defensivo. Buen defensor.** (especialista en defensa).
‹ **DEFENSIVE rebound**.- Rebote defensivo.
‹ **DEFENSIVE skills**.- **Fundamentos defensivos. Habilidades defensivas.**
‹ **DEFENSIVE system**.- **Sistema defensivo/ de defensa.** } Ver DEFENSE(3).

DELEGATE.- (n). (of a team). **Delegada/o.** (de un equipo).

DELIVER.- (v). (the ball to). **Entregar.** (el balón a). } Ver PASS.

DENY.- (v). (the ball). **Denegar. Negar.** (el balón). **Impedir la recepción.** (del balón). *"Aleksandar Djordjevic was able to **deny** Sarunas Jasikevicius the ball: Aleksandar Djordjevic fue capaz de negarle el balón a Sarunas Jasikevicius".*

DESIGNATE OFFENDER.- (v). (the referee). **Señalar/Designar al infractor.** (el árbitro).

DIAMOND-AND-ONE.- (n). (defensive system). **Diamante y uno. Rombo y uno.** (sistema defensivo). } Ver t. BOX. BOX-AND-ONE. DEFENSE(3).

DIRECTION OF PLAY.- (n). (of the team awarded possession). **Dirección del juego.** (del equipo con posesión de balón).

DISH OUT.- (v). (the ball). **Distribuir. Repartir. Dar.** (el balón). *"Steve Nash **dished out** twelve assists due to his outstanding floor sense: Steve Nash repartió doce asistencias gracias a su extraordinaria visión de juego".*

DISQUALIFICATION.- (n). **1**- (by fouls). **Descalificación. Eliminación.** (por faltas). } Tb. FOULING OUT.
 * (FIBA). (after commiting five fouls: después de cometer cinco faltas).

 * (NBA). (after commiting six fouls: después de cometer seis faltas).
2- (out of the game by a disqualifying foul). **Descalificación. Eliminación. Expulsión.** (fuera del partido por una falta descalificante). } Tb. EJECTION.

DISQUALIFY.- (v). **1**- (by fouls). **Descalificar. Eliminar.** (por faltas). } Tb. FOUL OUT.
2- (out of the game by a disqualifying foul). **Descalificar. Eliminar. Expulsar.** (fuera del partido por una falta descalificante). } Tb. EJECT.

DISTANCE.- (n). (of shooting). **Distancia.** (de tiro). } Tb. RANGE.
‹ **Close DISTANCE**.- **Corta distancia. De cerca.**
‹ **Long-DISTANCE**.- **Larga distancia. De lejos.**
 * **Long-DISTANCE Shootout**.- **Concurso de triples.**
‹ **Middle DISTANCE**.- **Media distancia.**
‹ **Shooting DISTANCE**.- **Distancia de tiro.**
‹ **Three-point DISTANCE**.- **Distancia de tres puntos.**

DIVISION.- (n). (NBA). **División.** *"In the NBA, each conference has three **divisions**. In the Eastern; Atlantic, Central and Southeast, and in the Western; Northwest, Southwest and Pacific: En la NBA, cada conferencia tiene tres divisiones. En la Este; la Atlántica, la Central y la Sureste, y en la Oeste; la Noroeste, la Suroeste y la Pacífico".*

DOUBLE COVER.- (v). } Ver DOUBLE TEAM.

DOUBLE COVERAGE.- (n). **Dos contra uno. Marcaje dos contra uno.** } Tb. TWO-ON-ONE. TRAP.

DOUBLE DIGITS.- } Ver DOUBLE FIGURES.

DOUBLE-DOUBLES.- (n). **Diez o más en dos estadísticas.** *"Dikembe Mutombo was almost 43 years old when he logged his last **double-double**: Dikembe Mutombo tenía casi 43 años cuando registró su último partido con diez o más en dos estadísticas".* } Ver t. DOUBLE FIGURES. QUADRUPLE DOUBLE. TRIPLE DOUBLE.

DOUBLE-DRIBBLE.- (n). (violation). **Dobles.**

DOUBLE DRIBBLE.- (v). (violation). **Hacer dobles.**

DOUBLE FIGURES.- (n). **Diez o más.** (puntos, rebotes, asistencias, robos de balón o tapones). *"Five Oklahoma City Thunder players scored in* **double figures:** *Cinco jugadores de los Oklahoma City Thunder marcaron más de diez puntos".* } Ver t. QUADRUPLE DOUBLE. TRIPLE DOUBLE.

DOUBLEHEADER.- (n). (two consecutive games on the same program). **Jornada doble.** (dos partidos consecutivos en el mismo programa). *"The tournament will consist of two* **doubleheaders:** *El torneo consistirá de dos jornadas dobles".*

DOUBLE TEAM.- (v). **1-** (defend two-on-one). **Defender dos contra uno. Hacer un dos contra uno.** *"The opponents always* **double team** *Breanna Stewart: Los rivales siempre defienden dos contra uno a Breanna Stewart".* } Tb. DOUBLE COVER. DOUBLE UP. TRAP.
2- (to help a teammate on defense). **Ayudar.** (a un compañero en defensa). } Ver HELP(OUT).

DOUBLE UP.- (v). } Ver DOUBLE TEAM.

DOWN.- (adv). (trailing). **'Abajo'. De menos.** (perdiendo). *"Brooklyn Nets were* **down** *by three points at the start of the third quarter: Los Brooklyn Nets iban tres puntos abajo al principio del tercer cuarto".* } Ver t. TRAIL.

DOWNCOURT.- (adv). (in or into the opposite half court). **En/hacia el (medio) campo opuesto.**
1- (to/into the defensive half of the court). **Abajo. Campo abajo. Hacia abajo. Para abajo. Atrás. Hacia atrás. Para atrás.** (en/hacia el medio campo defensivo). } Ver BACKCOURT(1).
2- (to/into the offensive half of the court). **Arriba. Campo arriba. Hacia arriba. Para arriba. Adelante. Hacia adelante. Para adelante.** (en/hacia el medio campo de ataque). *"Nacho Rodríguez moved the ball* **downcourt:** *Nacho Rodríguez movió el balón hacia adelante".* } Tb. UPCOURT. Ver FRONTCOURT(1).

DRAFT.- (n). (NBA). (selection of players from the NCAA or abroad by NBA teams, following a prearranged system). **'Draft'.** (angl). **Sorteo y selección.** (de jugadores procedentes de la Liga Universitaria NCAA o del extranjero por los equipos de la NBA, siguiendo un sistema establecido). *"Cleveland Cavaliers had two first-round* **draft** *picks: Cleveland Cavaliers tenía dos selecciones en la primera ronda del draft".*

DRAFT.- (v). (NBA). (to select a player in the draft). **Seleccionar.** (a un jugador en el draft). *"Atlanta Hawks* **drafted** *a power forward with the 10ᵗʰ pick on the first round: Los Atlanta Hawks seleccionaron a un ala-pívot con la décima elección en la primera ronda".*

DRAW.- (n). (in a game). **Empate.** (en un partido). } Tb. TIE.

DRAW.- (v). **1-** (a game). **Empatar. Igualar.** (un partido). } Tb. EVEN UP. TIE.
2- (a foul). **Provocar. Sacar.** (una falta).

DRIBBLE.- (n). (with the ball). **Bote. Dribling. Drible. Regate.** (con el balón). } Tb. DRIBBLING.
‹ **Double DRIBBLE**.- (violation). **Doble.**
‹ **High-speed DRIBBLE**.- **Bote de velocidad.**
‹ **Low-control DRIBBLE**.- **Bote de protección.**
‹ **DRIBBLE changing direction and hands**.- **Bote con cambio de dirección y mano.**
‹ **Behind-the-back DRIBBLE**.- **Bote** (con cambio de mano) **por detrás de la espalda.**
‹ **Between-the-legs DRIBBLE**.- **Bote** (con cambio de mano) **entre las piernas.**
‹ **Cross-over DRIBBLE**.- **Bote** (con cambio de mano) **por delante. Bote con paso cruzado.**
‹ **Illegal DRIBBLE**.- (violation). **Bote ilegal.** } Ver CARRY(ING). DOUBLE-DRIBBLE.
‹ **Reverse DRIBBLE**.- **Reverso. Bote** (con cambio de mano) **con reverso.**

DRIBBLE.- (v). **Botar. Driblar. Hacer un regate** (con el balón). **Regatear** (botando).
‹ **To DRIBBLE past**.- (v). **Driblar/Regatear a.** *"Marta Xargay* **dribbled past** *her defender on her way to the basket: Marta Xargay dribló a su defensora en su camino hacia la canasta".*

DRIBBLE DRIVE.- (v). Hacer una entrada botando/driblando.

DRIBBLER.- (n). Driblador/a. Jugador que bota el balón. *"Who do you think is a better **dribbler**? J. M. Calderón or Nacho Solozábal?: ¿Quién crees que es mejor driblador? ¿J. M. Calderón o Nacho Solozábal?".*

DRIBBLING.- (n). } Ver DRIBBLE.

DRILL.- (n). (exercise based on skills). **Ejercicio de técnica/fundamentos**. *"The students started with some ball handling **drills** after warming-up: Los estudiantes comenzaron con unos ejercicios de manejo de balón después de calentar".*

DRIVE.- (n). (to the basket). **Penetración. Entrada**. (a canasta). *"Velimir Perasovic **drove** to the basket: Velimir Perasovic penetró a canasta".* } Tb. PENETRATION.
‹ **Baseline DRIVE**.- Entrada por el fondo/por la línea de fondo.
‹ **Dribble DRIVE**.- Entrada botando/driblando.
‹ **Fake and DRIVE**.- Finta y entrada.

DRIVE.- (v). (to the basket). **Entrar. Hacer una entrada. Penetrar**. (a canasta). *"Tracey McGrady faked a shot and **drove** in the lane to score a basket: Tracey McGrady amagó un tiro e hizo una entrada por la zona para anotar una canasta".* } Tb. PENETRATE.

DUNK.- (n). **Mate. Hundimiento. Tiro hundiendo el balón**. } Tb. STUFF. Ver t. SHOT.
‹ **Reverse DUNK**.- Mate de espaldas. Mate hacia atrás.
‹ **Slam DUNK**.- Mate con fuerza. } Ver SLAM DUNK.

DUNK.- (v). **Hacer/Dar un mate. Meter una canasta para/hacia abajo**. } Tb. STUFF.
‹ **To Slam DUNK**.- (v). **Hacer un mate con fuerza. Machacar** (la canasta). *"Dominique Wilkins made an outstanding **slam dunk** in his previous game: Dominique Wilkins hizo un fantástico mate con fuerza en su partido anterior".*

E

EDGE.- (n). (en un partido). **Ventaja mínima**. *"Valencia Basket started the final quarter with a 96-95 **edge**: El Valencia Basket comenzó el último cuarto con una ventaja mínima de 96-95".*

EDGE.- (v). **Derrotar por la mínima**. (por poco/escaso margen).

EIGHT-SECONDS.- (n). **Ocho segundos**.
‹ **EIGHT-SECOND count**.- **Cuenta de los ocho segundos**.
‹ **EIGHT-SECOND (backcourt) rule**.- (to move the ball into the frontcourt). **Regla de los ocho segundos**. (para llevar el balón al medio campo ofensivo).
‹ **EIGHT-SECOND violation**.- **Violación de la regla de los ocho segundos**. } Ver t. OVER AND BACK.

EJECT.- (v). (out of the game by a disqualifying foul). **Descalificar. Eliminar. Expulsar**. (fuera del partido por falta descalificante). *"Dusko Ivanovic was **ejected** in the second quarter after arguing with the referee: Dusko Ivanovic fue expulsado en el segundo cuarto por discutir con el árbitro".* } Tb. DISQUALIFY(2).

EJECTION.- (n). (by a disqualifying foul). **Descalificación. Eliminación. Expulsión**. (por una falta descalificante). } Tb. DISQUALIFICATION(2).

ELBOWING.- (n). (foul). **Golpe/empujón con el codo. Codazo**. (falta).

END LINE.- (n). **Línea de fondo**. } Tb. BASE LINE.

ENTER.- (v). **1**- (a shot). **Entrar. Meter**. (un tiro). } Tb. FALL IN.
2- (the game). **Entrar**. (a jugar).

EVEN.- (adj). (on the scoreboard). **Igual(es)**. (en el marcador). *"The game is even: Van iguales (en el partido)".*

EVEN UP.- (v). **Igualar. Empatar.** *"Dejan Bodiroga evened up the score by converting two free throws: Dejan Bodiroga igualó el partido al convertir dos tiros libres".* } Tb. DRAW(1). TIE.

EXECUTE.- (v). (a play/system). **Ejecutar.** (una jugada/un sistema). *"Cleveland Cavaliers weren't executing on defense: Los Cleveland Cavaliers no estaban ejecutando (bien) la defensa".*

EXERCISE.- (n). **Ejercicio.** *"A stretching exercise: Un ejercicio de estiramiento".* } Ver t. DRILL.
‹ **To do (physical) EXERCISE**.- (v). **Hacer ejercicio físico.**

EXERCISE.- (v). **Entrenar. Entrenarse. Hacer ejercicio (físico).** } Ver t. PRACTISE. TRAIN. WORK OUT.

EXTRA PERIOD/TIME.- (n). (after regulation time). **Periodo extra. Prórroga.** (después del tiempo reglamentado). } Tb. OVERTIME.

F

FACE.- (v). (look towards). **Encarar. Ponerse de cara a. Mirar hacia/a.** *"Face the basket when you receive a pass on attack: Encara la canasta cuando recibas un pase en ataque".*

FAKE.- (n). **Finta. Amago.** *"Dirk Nowitzki made a fake and got the room he needed to shoot: Dirk Nowitzki hizo una finta y logró el espacio que necesitaba para tirar".* } Ver t. STEP.
‹ **Ball FAKE**.- **Finta con el balón.**
‹ **Head FAKE**.- **Finta con la cabeza.**
‹ **Pump FAKE**.- **Finta de tiro (y tiro).**
 * **Double pump FAKE**.- **Doble finta de tiro (y tiro).**

‹ **Reception FAKE**.- **Finta de recepción.**
‹ **FAKE and backdoor**.- **Finta y puerta atrás.** } Ver t. ROLL. SQUARE-OUT.
‹ **FAKE cross-over**.- **Finta de paso cruzado/salida cruzada.** } Ver t. DRIBBLING.
‹ **FAKE shot**.- **Finta de tiro.**
‹ **FAKE shot and drive**.- **Finta de tiro y entrada/penetración.**

FAKE/FAKE OUT.- (v). **Fintar. Amagar. Hacer una finta. Hacer un amago.**

FALL IN.- (v). (a shot). **Entrar.** (un tiro). *"The ball bounced around the rim and fell in: El balón dió una vuelta al aro y entró".* } Tb. ENTER.

FAST BREAK.- (n). **Contraataque. Apertura (rápida).** *"Basket Zaragoza allowed the opponents too many fast break baskets: El Basket Zaragoza permitió a los contrarios demasiadas canastas de contraataque".* } Tb. BREAK. BREAKAWAY.
‹ **FAST BREAK lane**.- **Calle. Pasillo.** (de un contraataque). } Ver LANE.
‹ **To run a FAST BREAK**.- (v). **Correr un contraataque.**
‹ **To start a FAST BREAK**.- (v). **Salir al/Iniciar el contraataque.** } Ver t. OUTLET.

FAST-BREAK.- (v). **Contraatacar. Hacer una apertura rápida/un contraataque.** } Tb. BREAK.

FEED.- (n). (a good pass to a teammate who is in position to score). **Buen pase. Buena asistencia.** (a un compañero que está en posición de encestar). *"Astou Ndour's dunk off a Queralt Casas feed tied the game: El mate de Astou Ndour a buen pase de Queralt Casas empató el partido".* } Ver t. ASSIST. PASS.

FEED.- (v). (to pass to a teammate who is in position to score). **Dar un buen pase/una buena asistencia.** (a un compañero que está en posición de encestar). } Ver t. ASSIST.

FEEDER.- (n). **Buen pasador. Jugador que da buenos pases.**

FEINT.- (n). **Finta.** } Ver FAKE.

FEINT.- (v). Fintar. Hacer una finta. } Ver FAKE.

FIELD.- (n). (of play). **Campo. Cancha. Pista. Terreno.** (de juego). *"UNI Girona scored 60% from the field: El UNI Girona encestó un 60% desde el campo".* } Ver COURT.

FIELD GOAL.- (n). **Canasta de campo.** (de dos o tres puntos). } Ver t. BASKET(2). FLOOR.
‹ **Three-point FIELD GOAL**.- **Canasta de tres puntos. Triple.** } Tb. THREE-POINTER.
‹ **Two-point FIELD GOAL**.- **Canasta de dos puntos.**

FIGURE EIGHT.- (n). **Ocho. Trenza. Trenzado.** (de pases o movimientos). } Ver t. WEAVE.

FINAL FOUR.- (in the NCAA and in the FIBA-EuroLeague: Euroliga). **Fase final de cuatro. Los cuatro finalistas.** (semifinales y final por el título).

FIRE.- (v). **Disparar. Lanzar. Tirar.** (a canasta). } Ver SHOOT.

FIST.- (v). (to punch the ball). (violation). **Dar un puñetazo al balón. Golpear el balón con el puño.**

FIVE.- (n). (equipo de baloncesto). **Cinco.** *"Spain's starting five in Los Angeles 1984 was J. A. Corbalán, J. M. Margall, A. Jiménez, J. A. San Epifanio 'Epi' and F. Romay: El cinco inicial de España en Los Ángeles 1984 fue J. A. Corbalán, J. M. Margall, A. Jiménez, J. A. San Epifanio 'Epi' y F. Romay".* } Ver TEAM.

FIVE-SECONDS.- (n). **Cinco segundos.**
‹ **FIVE-SECOND count**.- **Cuenta de los cinco segundos.**
‹ **FIVE-SECOND held ball**.- (FIBA). (violation). **Balón retenido cinco segundos.** } Tb. HELD-BALL (2).
‹ **FIVE-SECOND rule**.- **Regla de los cinco segundos.** (retención de balón).

FIXTURE.- (n). (UK). **Encuentro. Partido.** } Ver GAME(1).

FLASH.- (n). **1-** (on defense). **Movimiento rápido de anticipación. Finta rápida. Amago rápido.** (en defensa).
2- (on attack). **Movimiento rápido.** (en ataque).
‹ **FLASH cut**.- **Corte rápido. Finta rápida.**
‹ **FLASH pivot**.- **Corte rápido hacia el balón.** (del poste).

FLICK.- (n). (of the wrist or with the fingers). **Movimiento rápido de la muñeca/los dedos.**
‹ **FLICK PASS**.- (with a quick snap of the wrist). **Pase después del bote. Pase lateral con una mano. Pase de golpe de muñeca.** } Ver t. PASS.

FLOOR.- (n). **Campo. Cancha. Pista.** } Ver COURT.
‹ **From the FLOOR**.- (field goals/shots). **Desde el campo.** (canastas/tiros). *"Felipe Reyes scored 6- for-10 from the floor and 4-for-4 from the free throw line: Felipe Reyes encestó 6 de 10 desde el campo y 4 de 4 desde la línea de tiros libres".*
‹ **FLOOR sense**.- **Visión de juego/campo.** } Tb. COURT SENSE.
‹ **To put the ball on the FLOOR**.- (v). **Botar.** (el balón). } Ver DRIBBLE.
‹ **To run the FLOOR**.- (v). } Ver FAST BREAK.
‹ **To spread the FLOOR**.- (v). } Ver SPREAD-COURT OFFENSE.

FOLLOW-THROUGH.- (n). (of a movement). **Continuación.** (de un movimiento).

FOLLOW THROUGH.- (v). } Ver FOLLOW UP.

FOLLOW UP.- (v). (a shot). **Continuar y encestar. Completar.** (un tiro). *"Betty Cebrián followed up a missed shot by Ana Belén Álvaro: Betty Cebrián continuó y encestó un tiro fallado por Ana Belén Álvaro".*

FOOT.- (n). (violation). (to hit the ball with feet or legs). **Pie.** (golpear el balón con los pies o las piernas). } Tb. KICK(ING).

FOOTWORK.- (n). **Juego de piernas.**

FORCE.- (v). **1-** (a pass). **Dar un pase forzado. Forzar un pase.**

2- (a shot). **Forzar un tiro. Tirar en mala posición. Tirar forzado.** *"The excellent defense
forced Vassilis Spanoulis to miss the shot: Vassilis Spanoulis tiró forzado y falló debido a la
excelente defensa".*

<u>FORFEIT</u>.- (n). **Derrota por descalificación.** }
Ver t. DEFAULT.
‹ **FORFEIT score**.- (the actual score if the forfeiting team is behind, otherwise 2-0). **Marcador por descalificación.** (el marcador actual si el
equipo descalificado va perdiendo, en caso contrario 2-0).

<u>FORFEIT</u>.- (v). **Perder por descalificación.** }
Ver t. DEFAULT.

<u>FORWARD</u>.- (n). **Alero. Ala.** (jugador/a). } Tb.
CORNERMAN. WINGMAN. Ver t. POSITION(2).
‹ **Power/Strong FORWARD**.- **Alero alto/fu-
erte. Alero-pívot. Ala-pívot.**
‹ **Small FORWARD**.- **Alero bajo. Alero.**

<u>FOUL</u>.- (n). **Falta. 1**- (personal foul: infraction
of the rules that involves personal contact with
an opponent). **Falta personal.** (infracción de las
reglas en la que existe contacto personal con un
contrario). } Ver t. BLOCK(ING). CHARGE(ING).
ELBOW(ING). HANDS. HOLD(ING). PUSH(ING).
TRIPPING.
2- (technical foul: infraction of the rules that involves unsportsmanlike conduct). **Falta técnica.**
(infracción de las reglas en la que existe conducta
antideportiva). } Ver t. PENALTY. VIOLATION.
‹ **FOUL on**.- **Falta a/contra/de.** *"The referee
called a **foul on** the attacking player: El árbitro
señaló falta al jugador atacante".*
‹ **Team FOUL**.- (any foul charged to a team).
Falta de equipo. (cualquier falta anotada un e-
quipo).
 * **Away-From-The-Play FOUL**.- (against an
offensive player who is not part of the action).
Falta alejada/lejos/fuera del juego. (a un jugador en ataque cuando no interviene en el juego).
 * **Backcourt FOUL**.- (against an offensive player in his own backcourt). **Falta en el medio campo defensivo.** (a un jugador atacante). } Ver t.
BACKCOURT(1). FOUL.

 * **Deliberate/Intentional FOUL**.- **Falta intencionada.**
 * **Disqualifying FOUL**.- **Falta descalificante.
Falta de expulsión.**
 * **Double FOUL**.- (simultaneously by opponents
against each other). **Falta doble.** (al mismo tiempo entre dos jugadores contrarios).
 * **Flagrant FOUL**.- (an unnecessary and/or ex-
cessive foul). **Falta flagrante/violenta.** (una fal-
ta innecesaria y/o excesiva).
 * **FOUL in the act of shooting**.- **Falta en la
acción de tirar/tiro.** } Ver ACT OF SHOOTING.
 * **Loose ball FOUL**.- **Falta al luchar por un ba-
lón suelto.**
 * **Multiple FOUL**.- (simultaneously by two or
more teammates against the same opponent).
Falta múltiple. (simultánea de dos o más compa-
ñeros contra el mismo contrario).
 * **Offensive FOUL**.- **Falta en ataque.** } Tb.
CHARGING.
 * **Player-control FOUL**.- **Falta del jugador/
equipo con control del balón.**
 * **Shooting FOUL**.- **Falta de tiro.**
 * **Two-shot FOUL**.- **Falta de dos tiros.**
‹ **Technical FOUL**.- **Falta técnica. Técnica.** } Ver
t. OFFENSIVE LANGUAGE. UNSPORTMANLI-
KE CONDUCT.
‹ **Five FOULS**.- (FIBA). (of a player). **Cinco fal-
tas.** (de un jugador).
‹ **Six FOULS**.- (NBA). (of a player). **Seis faltas.**
(de un jugador).
‹ **FOUL line**.- **Línea de tiros libres.** } Ver FREE
THROW. Tb. FOUL LANE.
‹ **FOUL markers**.- **Marcadores de faltas.**
‹ **Team FOULS marker**.- **Marcador de faltas
de (un) equipo.**
‹ **To be with FOUL problem/trouble**.- (v). (a
player or team). **Estar cargado de faltas.** (un
jugador o equipo). *"Wendell Carter Jr. **was** al-
ways **with foul trouble** last season: Wendell Carter Jr. estaba siempre cargado de faltas la temporada pasada".*
‹ **To call (for) a FOUL**.- (v). (the referee). **Pitar. Señalar.** (el árbitro). } Ver CALL.
‹ **To commit a FOUL**.- (v). **Cometer una falta.
Hacer una falta.** } Tb. FOUL.
‹ **To draw a FOUL**.- (v). **Provocar. Sacar.** (una
falta).

‹ **To pick up/take a FOUL**.- (v). **Apuntarse. Cargarse.** (con una falta). *"Mariana González picked up three fouls in the first half: Mariana González se cargó con tres faltas en el primer tiempo"*.
‹ **To register/record a FOUL**.- (v). (on the scoreboard). **Anotar. Apuntar. Registrar.** (en el acta).

FOUL.- (v). **Cometer una falta contra. Hacer falta.** *"Kemba Walker was fouled going to the basket: Le hicieron falta a Kemba Walker entrando a canasta"*.

FOUL LANE.- (n). } Ver FREE THROW LANE.

FOUL OUT.- (v). **Descalificar. Eliminar.** (por faltas). *"Bojan Bogdanovic was fouled out with three minutes remaining: Bojan Bogdanovic fue eliminado a falta de tres minutos"*. } Tb. DISQUALIFY(1).

FRANCHISE.- (n). (NBA). 'Franquicia'. (angl). **Club. Equipo.** } Ver TEAM.
‹ **FRANCHISE player**.- (a player around whom a team is built). **Jugador franquicia.** (jugador alrededor del cual se construye un equipo).

FREE.- (adj). **1**- (the ball). **Suelto.** (el balón). } Tb. LOOSE.
‹ **FREE ball**.- (not in possession of any player). **Balón suelto.** (sin estar en posesión de ningún jugador).
2- (an offensive player). **Desmarcada/o. Libre. Sin marcar.** (un jugador en ataque). } Tb. OPEN. UNCOVERED. UNMARKED.
‹ **To get FREE**.- (v). **Desmarcarse.** *"Anna Cruz was trying to get free from her defender: Anna Cruz estaba intentando desmarcarse de su defensora"*.

FREE AGENT.- (n). (player who has no contract with a team after compiting 5 years in the NBA and more than one player contract). **'Agente libre'. Jugador libre.** (jugador que no tiene contrato con un equipo después de competir en la NBA durante 5 años y haber tenido más de un contrato de jugador).

‹ **Unrestricted FREE AGENT**.- (can sign with any team). **Jugador libre sin restricciones.** (puede fichar por cualquier equipo).
‹ **Restricted FREE AGENT**.- (can sign with any team, but their former team have the right of matching the offer and retain the player). **Jugador libre restringido.** (puede fichar por cualquier equipo, pero su último equipo tiene el derecho de igualar la oferta y retener al jugador).

FREE-IN.- (n). (a throw-in in informal play, but not in a game). **Saque libre.** (saque de banda jugando informalmente, pero no en un partido). } Ver THROW-IN.

FREE THROW.- (n). (penalty). **Tiro libre.** *"Clyde Drexler made both free throws: Clyde Drexler anotó los dos tiros libres"*. } Tb. FOUL SHOT.
‹ **FREE THROW area**.- **Área/Zona de tiros libres.** } Tb. RESTRICTED AREA. THREE-SECOND AREA.
‹ **FREE THROW circle**.- **Círculo de tiro libre.**
‹ **FREE THROW lane**.- (the free throw area and semicircle). **Pasillo de tiros libres.** (el área de tiros libres y el semicírculo). } Tb. LANE.
‹ **FREE THROW lane extended**.- **Prolongación de la zona de tiro libre.**
‹ **FREE THROW line**.- **Línea de tiro libre.** } Tb. FOUL LINE. Ver t. LINE.
‹ **FREE THROW line extended**.- **Prolongación de la línea de tiro libre.**
‹ **FREE THROW attempted**.- **Tiro libre lanzado/intentado.**
‹ **FREE THROW made**.- **Tiro libre convertido.** } Tb. CONVERSION.
‹ **FREE THROW situation**.- (after exceeding the number of team fouls allowed to a team). **Situación de tiros libres.** (cuando un equipo sobrepasa el número de faltas permitidas). } Tb. BONUS SITUATION. PENALTY SITUATION.
‹ **Additional/Bonus FREE THROW**.- **Tiro libre adicional.**
‹ **To convert/make a FREE THROW**.- (v). **Convertir. Transformar.** (un tiro libre).

FREE THROWER.- (n). **Jugador que lanza un tiro libre.**

FREEZE.- (v). (the ball). **Congelar.** (el balón). } Tb. STALL.

FRESHMAN.- (n). (a first-year NCAA player). **Jugador de primer año/debutante.** (NCAA).} Ver JUNIOR. SENIOR. SOPHOMORE. Ver t. ROOKIE.

FRONT.- (v). (on defense). **Defender por delante.** *"Charles Barkley was fronting the post player to deny him reception: Charles Barkley estaba defendiendo por delante al poste para impedirle la recepción (del balón)".* } Ver t. BACK.

FRONTCOURT.- (n). **1-** (offensive half-court of a team). **Medio campo de ataque/ofensivo. Pista delantera.** } Ver t. BACKCOURT(1).
2- (forwards'/centers' playing area on attack). **Dentro de la zona. Interior.** (área de juego de aleros y pívots en ataque).} Ver t. BACKCOURT(2).
3- (the inside players). **Jugadores interiores/de dentro. Aleros y pívots.** } Tb. FRONTCOURT-MEN. Ver t. BACKCOURT(3).

FRONTCOURTMAN.-} Ver FRONTCOURT(3).

FRONT LINE.- } Ver FRONTCOURT(3).

FUNDAMENTALS.- (n). (basic skills of a player). **Fundamentos. Técnica.** (base técnica de un jugador). } Tb. TECHNIQUE. Ver t. SKILL.

G

GAME.- (n). **1-** **Partido. Encuentro.** } Tb. MATCH.
‹ **GAME clock**.- **Reloj/Cronómetro del partido.** } Ver CLOCK.
‹ **All-Star GAME**.- (NBA). **Partido de las estrellas.**
‹ **Away GAME/GAME on the road**.- **Partido fuera (de casa).**
‹ **Close GAME**.- **Partido igualado/equilibrado.** *"We can't lose more close games!: ¡No podemos perder más partidos igualados!".*

‹ **Home GAME/GAME at home**.- **Partido en casa.**
‹ **Practice GAME**.- **Partido de entrenamiento.** } Ver t. SCRIMMAGE.
‹ **Return GAME**.- **Partido de vuelta.**
‹ **Start of GAME**.- **Comienzo del partido.** } Ver TAP. TAP-OFF. TIP-OFF.
2- (style of play). **Juego.** (estilo de juego). } Tb. PLAY(3). Ver t. DEFENSE(3). OFFENSE(2).
‹ **Delay/Delay GAME**.- **Ataque (a ritmo) lento.** } Ver t. BALL CONTROL(2). FREEZE. STALL.
‹ **Inside GAME**.- **Juego interior/por dentro.**
‹ **Outside/Perimeter GAME**.- **Juego exterior. Juego de perímetro. Juego por fuera.**
‹ **Passing GAME**.- (motion offense). **Jugar pasando el balón. Juego de pases.** (ataque en movimiento).
‹ **Running GAME**.- **Juego de/al contraataque. Juego de transición de correr.**
‹ **Team GAME**.- **Juego en equipo.**
‹ **Total GAME**.- **Juego total.** *"Magic Johnson has a total game, he dominates all aspects of the game: Magic Johnson tiene un juego total, domina todos los aspectos del juego".*
‹ **Transition GAME**.- **Juego de transición.**

GAME PLAN.- (n). (by the coach). **Planteamiento del partido/juego.** (por el entrenador).

GAMES BEHIND.- (n). (NBA). (the number of games a team is ahead/behind another, useful when teams have played a different number of games). **'Partidos atrás'. 'Partidos por detrás'. Diferencia de partidos ganados y perdidos. Partidos de diferencia/ventaja.** (el número de partidos que un equipo va por delante/detrás de otro, útil cuando los equipos han jugado un distinto número de partidos). *"Minnesota Timberwolves are 6 games behind New Orleans Pelicans: Los Minnesota Timberwolves están 6 partidos por detrás de los New Orleans Pelicans".* } Ver t. PERCENTAGE. STANDINGS. STATISTICS.

GARBAGE.- (n). (an easy goal near the basket). **Canasta fácil. Canasta de cerca.** *"Rudy Gobert grabbed an offensive rebound for a garbage two points: Rudy Gobert cogió un rebote en ataque y logró dos puntos con una canasta fácil".*

GARBAGE TIME.- (n). (the last minutes of a decided game). **Últimos minutos de un partido decidido. "Tiempo de basura"**. } Ver t. CRUNCH TIME.

GET BACK.- (v). (to defend). **Bajar.** (a defender). **Recuperar.** } Tb. RECOVER.

GET INSIDE.- (v). (the lane). **Meterse dentro.** (de la zona). *"Elisa Aguilar **got inside** the lane: Elisa Aguilar se metió dentro de la zona".*

GIVE-AND-GO.- (n). **Pase y corte con continuación.**

GIVE AND GO.- (v). (to pass to a teammate and cut for a return pass). **Pasar y cortar/continuar.** (pasar a un compañero y cortar para recibir un pase de vuelta). } Tb. PASS AND CUT.

GIVE BACK.- (v). (the ball). **Devolver.** (el balón). } Tb. RETURN.

GLASS.- (n). (transparent backboard). **Tablero de cristal.** (transparente). } Ver BACKBOARD.
‹ **To go GLASS**.- (v). **Tirar al tablero.** } Ver BANK.

GLASS BALL.- (n). (a shot that only touches the backboard or glass). **Tiro que da en el tablero.** (que solo toca en el tablero). } Ver t. BANKER.

GOAL.- (n). **1**- (the basket and the backboard). **Canasta.** (el aro y el tablero). } Tb. BASKET(1). **2**- (a converted shot). **Canasta. Cesta. Enceste.** (tiro convertido). } Tb. BASKET(2).
‹ **To make a goal**.- (v). **Encestar. Meter una canasta.** } Ver SCORE.

GOALTENDING.- (n). **Cayendo el balón. En trayectoria descendente.**
‹ **To interfere/block a shot when GOALTENDING**.- (violation). **Interceptar/Bloquear un tiro en trayectoria descendente.**

GRIP.- (n). (of the ball). **Agarre. Sujección.** (del balón).

GUARD.- (n). (player). **Escolta.**
‹ **Point-GUARD**.- **Base. Director/a de juego.** } Tb. PLAYMAKER.
‹ **Shooting-GUARD**.- **Escolta tirador.**
‹ **The GUARDS**.- **Base y escolta. Jugadores de perímetro. Jugadores exteriores. "Los Bases".** } Tb. BACKCOURT(3). BACKCOURTMEN.

GUARD.- (v). (an opponent). **Cubrir. Defender. Marcar.** (a un contrario). } Tb. COVER. DEFEND. PLAY(3).

GUARDING.- (n). **Defensa. Marcaje.** } Tb. COVERAGE. DEFENSE(2).

GUNNER.- (n). (a player who shoots more than he should). **Jugador que tira demasiado.** (más de lo que debiera). **"Chupón".**

GUN-SHY.- (of a player). **Miedo a tirar.** *"You can't get **gun-shy** after missing two or three straight shots in a match: No puedes tener miedo a tirar después de fallar dos o tres tiros seguidos en un partido".*

GYM.- (n). Short for GYMNASIUM.

GYMNASIUM.- (n). **Gimnasio.**

H

HACK.- (v). (foul). **Golpear con la mano. Dar un golpe con la mano/manotazo.** *"They are using the Hack-a-Shaq strategy: Están usando la estrategia de Hack-a-Shaq".* } Ver t. HAND CHECK.

HACKING.- (n). (foul). **Golpe con la mano. Manotazo.** } Ver t. HAND-CHECK.

HALF.- (n). (of a game). **Periodo. Tiempo.** (de un partido). } Ver t. PERIOD.
‹ **First/Opening HALF**.- **Periodo inicial. Primer tiempo. Primera mitad.**

‹ **Second HALF.**- Segunda mitad. Segundo periodo. Segundo tiempo.

  * (FIBA). *"A game is divided in two **halves**, each one made up of two quarters of 10' each: Un partido está dividido en dos tiempos compuestos cada uno de dos cuartos de 10' cada uno".*

  * (NBA). *"A game is divided in two **halves**, each one made up of two quarters of 12': Un partido está dividido en dos tiempos compuestos cada uno de dos cuartos de 12'.* } Ver t. QUARTER.

HALF-TIME.- (n). (of a game). **Descanso. Intermedio.** (de un partido). *"The score was tied at **half-time**: El marcador estaba empatado al descanso".* } Tb. INTERMISSION.

HAND.- (n). **Mano. 1-** (ball handling). **Mano.** (manejando el balón).
‹ **Strong HAND.**- Mano buena/fuerte.
‹ **Weak HAND/Off-HAND.**- Mano débil.
‹ **To use both HANDS.**- (v). Usar las dos manos. } Ver BOTH WAYS.
2- (shooting). (tirando).
‹ **Cold HAND.**- Mano fría.
‹ **Hot HAND.**- Mano caliente.
‹ **To have a cold HAND.**- (v). (not scoring). **Tener la mano fría.** (no encestar).
‹ **To have a hot HAND.**- (v). (scoring everything). **Tener la mano caliente. "Estar enchufada/o".** (encestar todo).
3- Illegal use of HANDS.- (foul). **Uso ilegal de las manos.** } Ver HACKING. HAND-CHECK.
4- To raise a HAND.- (v). (a player when called a foul on). **Levantar la mano.** (un jugador cuando se le señala una falta).

HAND-CHECK(ING).- (n). **Contacto con la mano.** } Ver t. CONTACT. HACK.

HAND CHECK.- (v). **1-** (to contact with the hand). **Hacer contacto con la mano. Tocar con la mano.** } Ver t. CONTACT.
2- (to hit an opponent with the hand). **Golpear con la mano. Dar un golpe con la mano. Dar un manotazo.** } Ver HACK.

HANDLE.- (v). (the ball). **Controlar. Dominar. Manejar.** (el balón). } Ver t. BALL HANDLING.

HAND SIGNAL.- (n). (of the referee). **Señal con la mano/manual. Designación.** (del árbitro). } Ver t. CALL.

HAND SIGNAL.- (v). (el árbitro). **Hacer una señal/Señalar con la mano. Designar.** } Ver CALL.

HEIGHT.- (n). (of a player). **Altura. Estatura.** (de un jugador). *"What **height** are you?/How tall are you? I am 1.80 meters tall: ¿Cuál es tu altura/estatura? Yo mido 1,80 metros".*
‹ **HEIGHT advantage.**- Ventaja en altura. } Ver t. MATCH-UP. MISMATCH.

HELD BALL.- (n). **1-** (possession of the ball by two opponents at the same time). **Balón retenido. "Lucha".** (posesión del balón por dos contrarios al mismo tiempo). } Tb. TIE BALL.
2- (violation). } Ver FIVE-SECONDS HELD BALL.

HELP/HELPING.- (n). (on defense). **Ayuda.** (en defensa).
‹ **HELP(ING) position.**- Posición de ayuda.

HELP/HELP OUT.- (v). (on defense). **Ayudar. Hacer/Realizar una ayuda.** (en defensa).
‹ **To HELP and recover.**- (v). **Ayudar y recuperar.**

HIGH.- (adv). (near the free throw line). **Arriba. Por arriba.** (cerca de la línea de tiro libre). } Ver t. LOW. POST.

HIT.- (v). **1-** (a shot). **Acertar. Conectar. Meter.** (un tiro). *"Alberto Herreros **hit** six straight shots without a miss: Alberto Herreros metió seis tiros seguidos sin fallar".* } Ver SCORE.
2- (a pass). **Conectar. Dar.** (un pase). } Ver PASS.

HOLD.- (v). (foul). **Agarrar. Sujetar.** (falta).

HOLDING.- (n). (foul). **Agarrón.** (falta).

HOME RUN.- (n). **Canasta de tres puntos. Triple.** *"Despite being very closely guarded Devin Booker scored another **home run**: Devin Booker anotó otro triple a pesar del férreo marcaje".* } Tb. THREE-POINTER. Ver BASKET(2).

<u>HOOK/HOOK SHOT</u>.- (n). Tiro de gancho. Gancho.
‹ **Half HOOK**.- Medio gancho. "Semigancho".
‹ **Sky-HOOK**.- "Gancho del cielo". Gancho con parábola alta.

<u>HOOK</u>.- (v). Tirar de/un gancho.

<u>HOOP</u>.- (n). **1 - a)** (the rim). **Aro**. (de la canasta). **b)** (the basket). **Canasta**. } Ver t. BASKET(1).
2- (field goal). **Canasta de campo**. } Ver t. BASKET(2).

<u>HOT</u>.- (adj). (a player). **1-** (at top form). **A tope. En (plena) forma**.
2- (scoring everything). **Caliente**. (encestando todo). } Ver t. HAND.

I

<u>INBOUND</u>.- (v). (the ball from out of bounds). **Sacar. Hacer un saque**. (de banda/fondo). *"Denver Nuggets will have to inbound the ball at midcourt after the opponents' turnover: Los Denver Nuggets tendrán que sacar de banda en el medio campo después de la pérdida de balón del (equipo) rival"*. } Tb. THROW-IN.

<u>INBOUNDS</u>.- (adv). (on/into the playing area). **Dentro. Hacia dentro**. (en/hacia dentro del campo). } Ver t. OUT OF BOUNDS.
‹ **INBOUNDS pass**.- Pase de saque de banda.
‹ **INBOUNDS play**.- Jugada de saque de banda.

<u>INFRACTION</u>.- (n). (of the rules). **Infracción**. (de las reglas). } Ver FOUL. VIOLATION.

<u>INJURE</u>.- (v). **Lesionar**.
‹ **To INJURE oneself**.- Lesionarse.

<u>INJURY</u>.- (n). **Lesión**.
‹ **INJURY timeout**.- Tiempo muerto por lesión.

<u>INSIDE</u>.- **1-** (n). **a)** (the area near the basket). **Dentro. Interior**. (área cerca de la canasta). **b)** (the free throw area). **Zona. "Pintura"**. (área de tiro libre). } Ver FREE THROW. Tb. PAINT.
2- (adv). (of the zone). **Dentro. Por dentro**. (de la zona).
‹ **From INSIDE**.- Desde dentro. De dentro.
‹ **To get/pass the ball INSIDE**.- (v). (to give an inside pass). **Meter el balón dentro. Pasar el balón dentro**. (dar un pase interior). *"Washington Mystics couldn't get the ball inside so they started shooting from the perimeter: Las Washington Mystics no podían meter el balón dentro así que comenzaron a tirar desde el perímetro"*.
‹ **To get INSIDE**.- (v). (the lane). **Meterse dentro**. (de la zona). **Entrar. Penetrar**.
3- (adj). **Interior. Por dentro**.
‹ **INSIDE attack/offense**.- Ataque interior/por dentro.
‹ **INSIDE game**.- Juego interior/por dentro.
‹ **INSIDE play**.- Jugada interior/por dentro.
‹ **INSIDE pass**.- Pase interior.
‹ **INSIDE player**.- Jugador interior.
‹ **INSIDE position**.- Posición interior.
‹ **INSIDE shot**.- Tiro interior. (desde dentro de la zona).
4- (prep). **Dentro de. En el interior de**. *"Inside the lane: Dentro de la zona"*.

<u>INTERCEPT</u>.- (v). (a pass). **Cortar. Interceptar**. (un pase). } Tb. BLOCK. Ver t. STEAL.

<u>INTERCEPTION</u>.- (n). (of a pass). **Corte. Intercepción**. (de un pase). } Ver t. STEAL.

<u>INTERFERE</u>.- (v). (violation). **a)** (with the ball). **Interponerse**. (al balón). **Impedir la caída**. (del balón). } Ver GOALTENDING. **b)** (with the basket). **Interponerse**. (a la canasta). **Tocar la red o el aro**.

<u>INTERMISSION</u>.- (n). (of a game). **Descanso. Intermedio. Mitad**. (de un partido). } Tb. HALFTIME.

<u>INTIMIDATE</u>.- (v). (on defense). **Intimidar**. (en defensa).

INTIMIDATION.- (n). **Intimidación**.

ISOLATE.- (v). (a defender). **Aislar**. (a un defensor).

J

JAM.- (n). **Mate**. } Ver SLAM DUNK.

JUMP.- (n). **1- Salto. Bote**. } Also LEAP.
‹ **JUMP differential**.- (with no run). **Bote**. (sin carrera). *"Gerald Green has a 31.5 inches jump differential: Gerald Green tiene un bote de 80 cm (31,5 pulgadas)"*.
2- (sudden transition). **Salto**. (movimiento rápido).

JUMP.- (v). **Saltar. Dar un salto. Botar. Dar un bote**. } Tb. LEAP.

JUMP AND SWITCH.- (v). (on defense). **Saltar y cambiar**. (en defensa).

JUMP BALL.- (n). **1-** (to put the ball in play). **Salto entre dos. Lucha**. (para poner el balón en juego).
2- } Ver 5" HELD BALL.

JUMPER.- (n). (a jump shot). **Tiro en suspensión. Tiro en salto**. *"Elena Delle Donne hit a jumper from the left side to tie the game: Elena Delle Donne anotó un tiro en suspensión desde el lado izquierdo para empatar el partido"*. } Ver SHOT.
‹ **Driving JUMPER**.- **Tiro en suspensión en entrada/entrando**.
‹ **Fadeaway JUMPER**.- **Tiro en suspensión echándose/saltando hacia atrás**.
‹ **Step-back JUMPER**.- **Tiro en suspensión dando un paso hacia atrás**.
‹ **Turnaround JUMPER**.- **Tiro en suspensión a la media vuelta**.
‹ **To shoot a JUMPER**.- (v). **Tirar en suspensión/salto**.

JUNIOR.- (n). **a)** (a third year NCAA player). **Jugador de tercer año**. (en la Liga Universitaria NCAA). } Ver t. FRESHMAN. SOPHOMORE. SENIOR. **b)** (FIBA). **Junior**.

K

KEY.- (n). Short for KEYHOLE.
‹ **Top of the KEY**.- **Parte superior de la bombilla/botella**. *"LaMarcus Aldridge scored a jumper from the top of the key: LaMarcus Aldridge metió un tiro en suspensión desde la parte superior de la bombilla"*.

KEYHOLE.- (n). (free throw area and semicircle). **Bombilla. Botella**. (área y semicírculo de tiro libre).

KICK(ING).- (n). **1-** (the ball). (violation). **Pie**. (golpear con el pie o pierna al balón). } Tb. FOOT.
2- (foul). **Golpe con el pie. Patada**. (falta).

L

LANE.- (n). **1-** (on a fast break). **Calle. Pasillo**. (en un contraataque).
‹ **LANE spot**.- **Posición en el pasillo**.
‹ **To fill the LANES**.- (v). **Coger. Ocupar**. (las calles).
2- Short for FREE THROW LANE.- **Pasillo**. (de tiros libres).

LAY-IN.- (n). } Ver LAY-UP.

LAY-UP.- (n). (shot). **Bandeja. Dejada. Tiro en bandeja**. } Ver t. SHOT.
‹ **Crossunder/Reverse LAY-UP**.- **Bandeja a canasta pasada/aro pasado. Bandeja inversa**.

‹ Driving LAY-UP.- Bandeja en entrada.
‹ Front LAY-UP.- Bandeja de frente. (a la canasta).
‹ Underhand LAY-UP.- Bandeja de abajo a arriba. "De cuchara". } Tb. SCOOP.

LEAD.- (n). **1**- (on the scoreboard). **Delantera. Ventaja.** (en el marcador). "*They finished the first half with a ten points lead: Ellas terminaron el primer tiempo con una ventaja de diez puntos*".
‹ **To increase/extend the LEAD**.- (v). **Aumentar la ventaja.** "*Sacramento Kings increased the lead to 14 points: Los Sacramento Kings aumentaron la ventaja a 14 puntos*".
‹ **To protect the LEAD**.- (v). **Proteger la ventaja.**
‹ **To take the LEAD**.- (v). **Ponerse por delante. Tomar la delantera.**
2- (in a competition). **Liderato. Primer puesto. Primera posición.** (en una competición).
‹ **To be in the LEAD**.- (v). **Estar en primera posición. Ir primera/o. Ocupar el primer puesto.**

LEAD.- (v). **1**- (on the scoreboard). **Aventajar. Estar/Ir delante. Ir ganando. Llevar la delantera. Llevar/Tener una ventaja.** (en el marcador). "*Seattle Storm led by ten points at half-time: Las Seattle Storm iban ganando por diez puntos en el descanso*".
2- (to be first in a competition). **Estar en primera posición. Ir primera/o. Ocupar el primer puesto.** (en la clasificación). "*Dimitris Diamantidis leads the Euroleague in total assists: Dimitris Diamantidis está el primero de la Euroliga en asistencias totales*".

LEADER.- (n). (first). **Líder. Primera/o.**

LEAGUE.- (n). **Liga.** "*ACB league: La liga ACB*".

LEAP.- (n). **Bote. Salto.** } Ver JUMP.

LEAP.- (v). **Botar. Saltar.** } Ver JUMP.

LEAPER.- (n). (player with good jumping ability). **Jugador con mucho bote/buen salto.**

LICENSE.- (n). (a player's). **Ficha.** (de un jugador).

LINE.- (n). **1**- (general). **Línea. Raya.**
‹ **Base/End LINE**.- **Línea de fondo.** } Ver t. BASE LINE.
‹ **Boundary LINE**.- **Líneas de demarcación. Líneas limítrofes.**
‹ **Broken LINE**.- (of the free throw circle). **Línea discontínua.** (del círculo de tiros libres).
‹ **Center/Division/Midcourt LINE**.- **Línea de medio campo. Línea central. Línea divisoria.**
‹ **Free throw/Foul LINE**.- **Línea de tiro libre.** } Ver t. FREE THROW.
‹ **Side LINE**.- **Línea lateral. Línea de banda.**
‹ **Eight-second/Time LINE**.- (the center line when applied the 8" backcourt rule). **Línea de los 8".** (la línea central cuando se aplica la regla de los 8"en el medio campo defensivo).
‹ **Three-point LINE**.- **Línea de tres puntos.** } Tb. ARC.
‹ **To step on/over a LINE**.- (v). (violation). **Pisar una línea/raya.**
2- (the free throw line). **La línea.** (de tiros libres). "*Jordi Creus scored 6-for-6 from the line: Jordi Creus metió 6 de 6 desde la línea de tiros libres*".

LINE-UP.- (n). (of a team). **Alineación. Formación.** (de un equipo). "*The starting line-up: La alineación inicial*". } Ver t. ALIGNMENT.

LINE UP.- (v). **Alinear.** "*Both teams decided to line up their best players: Los dos equipos decidieron alinear a sus mejores jugadores*".

LIVE BALL.- (adj). **Balón en juego. Balón vivo.** } Tb. ALIVE.

LOCKER-ROOM.- (n). **Vestuario.** } Tb. CHANGING-ROOM.

LOOSE.- (adj). (the ball). **Suelto.** (el balón). } Tb. FREE. Ver t. BALL.

LOOSE BALL.- (adj). **Balón suelto.** } Tb. FREE.
‹ **LOOSE BALL foul**.- **Falta al luchar por un balón suelto.**

LOSE.- (v). **1**- (a game). **Perder.** (un partido).
‹ **LOSING streak**.- (consecutive defeats). **Serie/racha de derrotas.** (consecutivas).

2- (the ball). **Perder.** (el balón).

LOSS.- (n). **Derrota.** } Tb. DEFEAT.

LOW.- (adv). (close to the basket). **Por abajo. Por debajo.** (cerca de la canasta). *"Moses Malone is excellent when playing down* **low***: Moses Malone es muy bueno jugando (por) abajo".* } Ver POST(2). Ver t. HIGH.

M

MAN.- (n). (player). **1**- (general). **Hombre.** (jugador). } Ver PLAYER.
‹ **Big MAN**.- **Jugador alto.** } Ver CENTER. PIVOT. POST.
2- (the opponent one is defending). **Hombre. Par.** (el contrario al que se defiende). *"Trae Young can't stop his* **man***: Trae Young no puede parar a su par".*

MAN-FOR-MAN.- (n). } Ver MAN-TO-MAN.

MAN-ON-MAN.- (n). } Ver MAN-TO-MAN.

MAN-TO-MAN.- (n). (defensive system). **Defensa individual. Defensa al hombre. Defensa hombre al hombre. Marcaje al hombre.** (sistema defensivo). } Ver DEFENSE(3). Tb. MAN-FOR-MAN. MAN-ON-MAN.

MARKSMAN.- (n). **Buen tirador. Encestador/a.** *"Danilo Gallinari is one of the best* **marksmen** *in the league: Danilo Gallinari es uno de los mejores tiradores de la liga".* } Ver SCORER(2). SHOOTER.

MATCH.- (n). **Partido. Encuentro.** } Ver GAME(1).
‹ **REMATCH**.- **Partido de revancha.** *"Tonight's game will be the* **rematch** *of last year's final, LA Sparks vs. Minnesota Lynx: El partido de esta noche será la revancha de la final del año pasado, las LA Sparks contra las Minnesota Lynx".*

MATCH-UP.- (n). (on defense). **Emparejamiento. Marcaje individual.** (en defensa). *"Due to their lack of height they have* **match-up** *problems with most teams: Debido a su falta de altura tienen problemas en los emparejamientos con la mayoría de los equipos".* } Ver t. MISMATCH.

MATCH UP.- (v). (a player on defense). **Emparejar.** (un jugador en defensa). } Ver t. MISMATCH.

MIDCOURT.- (n). **Mitad del campo.** *"New York Liberty took the throw-in from* **midcourt***: Las New York Liberty hicieron el saque de banda desde la mitad del campo".* } Ver t. COURT.

MIDDLE.- (n). (imaginary area around the free throw lane). **El medio.** (área imaginaria alrededor del pasillo de tiro libre).
‹ **To clog up/jam the MIDDLE**.- (v). **Cerrarse en defensa. Cerrar el medio.** (de la zona). *"Hitting three-pointers could discourage defenses from* **clogging up the middle***: Encestando triples se puede desanimar a las defensas a cerrar el medio (de la zona)".*
‹ **To open up the MIDDLE**.- (v). **Abrir el medio.** (de la zona).

MINIBASKETBALL.- (n). **Minibasket.**

MISMATCH.- (n). (a match-up disadvantage on defense). **Emparejamiento desventajoso/desigual.** } Ver t. MATCH-UP.

MISMATCH.- (v). (on defense). **Emparejar en desventaja/desigualmente.** (en defensa). } Ver t. MATCH UP.

MISS.- (v). (a shot). **Fallar.** (un tiro). *"Andre Drummond* **missed** *two free throws in a row: Andre Drummond falló dos tiros libres seguidos".*

MOVE.- (n). **1**- (movement). **Movimiento.**
‹ **MOVE without the ball**.- **Movimiento sin el balón.**
‹ **Individual MOVES**.- **Movimientos individuales.**
‹ **Passing on the MOVE**.- **Pases en movimiento.**

‹ **Post MOVES**.- Movimientos del poste.
‹ **Spin(ning) MOVE**.- Movimiento de rotación.
} Ver t. REVERSE.
2- (a deceptive move). **Amago. Finta**. (movimiento de engaño). } Ver FAKE.
3- (a particular action in a game). **Jugada**. (acción particular en un partido). *"What a move!: ¡Qué jugada/Vaya jugada!"*. } Tb. PLAY(2).
‹ **To make a MOVE**.- (v). **Hacer una jugada**.

MVP.- (n). (of a game or competition). **Jugador más destacado**. (en un partido o competición).

N

NAIL.- (v). (a shot). **Clavar**. (un tiro). } Ver SCORE.

NET(S)/NET CORDS.- (n). (of the basket). **Red(es)**. (de la canasta). } Tb. CORDS.

NUMBER.- (n). (players' numbering). **Número**. (numeración de los jugadores). *"Scottie Pippen's jersey number has always been 33: El número (de la camiseta) de Scottie Pippen siempre ha sido el 33"*.

O

OFFENCE.- (n). (UK). } Ver OFFENSE.

OFFENDER.- (n). (of a foul or violation). **Infractor/a**. (de una falta o violación).
‹ **To designate the OFFENDER**.- (v). (the referee). **Designar/Señalar al infractor**. (el árbitro).

OFFENSE.- (n). **1**- (general). **Ataque. Ofensiva**. } Tb. ATTACK(1).

2- (offensive system). **Ataque**. (sistema de ataque). } Tb. ATTACK(2). Ver t. GAME(2).
‹ **Half-court OFFENSE**.- **Ataque a medio campo**.
‹ **Four corner OFFENSE**.- **Ataque a cuatro esquinas**.
‹ **Freewheeling/Freelance OFFENSE**.- **Ataque libre. Juego libre**.
‹ **Full-court OFFENSE**.- **Ataque a todo el campo**.
‹ **Low-tempo OFFENSE**.- **Ataque (a ritmo) lento. Ataque controlando el balón**.
‹ **Man-to-man OFFENSE**.- **Ataque contra defensa individual**.
‹ **Motion OFFENSE**.- **Ataque en movimiento**.
‹ **Pattern(ed)/Set OFFENSE**.- **Ataque estático. Ataque posicional. Ataque con sistema (de juego)**.
‹ **Spread-court/Open-court OFFENSE**.- (to open up a defense). **Ataque abierto**. (para abrir una defensa). *"Sergio Scariolo used a spread-court offense against the opponents' zone defense: Sergio Scariolo utilizó un ataque abierto contra la defensa en zona del rival"*.
‹ **Up-tempo OFFENSE**.- **Ataque (a ritmo) rápido**.
‹ **Zone OFFENSE**.- **Ataque contra defensa en zona**.
‹ **To run the OFFENSE**.- (v). (a player). **Llevar el ataque**. (un jugador).

OFFENSIVE.- (adj). **Atacante. De ataque. Ofensiva/o**.
‹ **OFFENSIVE foul**.- **Falta en ataque. Falta ofensiva**. } Tb. CHARGING.
‹ **OFFENSIVE player**.- **Atacante. Jugador atacante**. } Tb. ATTACKER.
‹ **OFFENSIVE position/stance**.- **Posición de ataque**.
‹ **OFFENSIVE rebound**.- **Rebote en ataque/ofensivo**.
‹ **OFFENSIVE skills**.- **Fundamentos ofensivos/de ataque**.
‹ **OFFENSIVE system**.- **Sistema de ataque**. } Ver OFFENSE(2).

OFFENSIVE LANGUAGE.- (n). (technical foul). **Lenguaje soez**. (falta técnica).

OFFICIAL.- (n). (administrators of the rules: referees and assistants). **Árbitro y ayudantes.** (administradores de la reglas). } Ver REFEREE. SCORER. TIMEKEEPER.

ON/ON FIRE.- (adv). (a player). **Enchufada/o. En plena forma. En racha. "A tope". "Caliente".** *"Kevin Durant was on fire and didn't miss a shot: Kevin Durant estaba en racha y no falló ni un tiro".* } Tb. HOT.

ONE HANDER.- (n). (a one-handed shot). **Tiro con una mano.** } Ver t. SHOT.

ONE-ON-ONE.- (n). **a)** (in a game). **Uno contra uno.** (en un partido). **b)** (informal playing). **Uno contra uno.** (juego informal).

OPEN.- (adj). (a player). **Desmarcada/o. Sin marcar.** } Tb. FREE. UNCOVERED. UNMARKED.
‹ **OPEN man/player**.- **Jugador desmarcado.**
‹ **To get OPEN**.- (v). **Desmarcarse.**

OPPONENT.- (n). (player/team). **Adversaria/o. Contraria/o. Oponente.** *"We have to beat the opponent team: Tenemos que ganar al equipo contrario". "The opponents: Los adversarios".*

OUT.- **1**- (adv). (outside the boundary lines). **Afuera. Fuera. Hacia fuera.** (de los límites del campo). *"The ball is out: El balón está fuera".* } Tb. OUT OF BOUNDS.
2- (prep). **OUT of**.- **Fuera de.** } Tb. OUTSIDE.

OUTBOARD.- (v). } Ver OUTREBOUND.

OUTCOME.- (n). **Marcador. Tanteo. Resultado.** (final). } Tb. RESULT. Ver t. SCORE.

OUTLET.- (v). (to pass the ball after a defensive rebound). **Dar un pase de apertura. Dar el primer pase. Sacar el rebote.** (después de un rebote defensivo).
‹ **OUTLET pass**.- **Primer pase. Pase de apertura.** (después de un rebote defensivo). *"Patrick Ewing made a good outlet pass to Allan Houston: Patrick Ewing hizo un buen pase de apertura a Allan Houston".*

OUT OF BOUNDS.- (adv). (outside the boundary lines). **Afuera. Fuera. Hacia fuera.** (de las líneas de demarcación). } Tb. OUT. Ver t. INBOUNDS.
‹ **Ball OUT OF BOUNDS**.- **Balón fuera de banda/del campo.**
‹ **Player OUT OF BOUNDS**.- **Jugador fuera del campo.**

OUTPLAY.- (v). **1**- (to beat the opponent team). **Derrotar. Ganar. Vencer.** (al equipo contrario). } Tb. BEAT. DEFEAT. WIN.
2- (to play better than the opponent team). **Jugar mejor que. Superar en el juego/tácticamente.** *"They outplayed us in the second half: Jugaron mejor que nosotros en la segunda parte".*

OUTREBOUND.- (v). (the opponent team). **Superar en el rebote.** (coger más rebotes que el equipo contrario).

OUTSCORE.- (v). (to score more points than the opponents). **Superar en el marcador.** (meter más puntos que los oponentes). *"Las Vegas Aces outscored Indiana Fever by 35-17 in the third quarter: Las Vegas Aces superaron en el marcador a Indiana Fever por 35-17 en el tercer cuarto".*

OUTSHOOT.- (v). **1**- (to have a better shooting percentage than the opponents). **Superar en el tiro. Tener mejor porcentaje de tiro.** (que los contrarios).
2- (to shoot more than the opponents). **Lanzar más a canasta. Tirar más.** (que los contrarios).

OUTSIDE.- **1**- (n). (area away from the lane). **Exterior. Perímetro.** (área lejos de la zona).
2- (adv). (the lane). **Fuera. Por fuera.** (de la zona).
‹ **From OUTSIDE**.- **De fuera. Desde fuera. Desde el exterior. Desde lejos. Desde el perímetro.** *"Marta Fernández is an excellent shooter from outside: Marta Fernández es una excelente lanzadora desde lejos".*
3- (adj). **Exterior. Perímetro.**
‹ **OUTSIDE attack/offense**.- **Ataque exterior.**
‹ **OUTSIDE game**.- **Juego exterior.**

‹ **OUTSIDE pass**.- Pase exterior.
‹ **OUTSIDE play**.- Jugada exterior.
‹ **OUTSIDE player**.- Jugador exterior. } Ver
BACKCOURT(3).
‹ **OUTSIDE position**.- Posición exterior.
‹ **OUTSIDE shot**.- Tiro exterior.
4- (prep). **Fuera de**. *"Bradley Beal likes playing
outside the lane: A Bradley Beal le gusta jugar
fuera de la zona"*.

OVER AND BACK.- (violation). **Campo atrás**.
} Ver t. VIOLATON.

OVERPLAY.- (v). (on defense). **Defender fuer-
te. Forzar la defensa. Sobremarcar**. *"Portland
Trail Blazers were overplaying the passing lanes:
Los Portland Trail Blazers estaban forzando la
defensa sobre las líneas de pase"*.

OVER THE LIMIT.- (exceeding the allowed
team fouls). **Por encima del límite**. (sobrepasan-
do las faltas de equipo permitidas). *"They were
over the limit after just ten minutes of play:
Estaban por encima del límite después de diez
minutos de juego"*.

OVERTIME.- (n). **Prórroga. Periodo extra**. } Ver
t. EXTRA PERIOD.

OVERTIME PERIOD.- (n). } See OVERTIME.

P

PACE.- (n). (of the game). **Ritmo**. (de juego). }
Tb. TEMPO.
‹ **Change of PACE**.- Cambio de ritmo.
‹ **To change the PACE**.- (v). Cambiar el ritmo.
‹ **To control the PACE**.- (v). Controlar el ritmo.
‹ **To set (up) the PACE**.- (v). Establecer. Im-
poner. Marcar. (el ritmo). *"Club Joventut Bada-
lona set up the pace from the beginning of the
game: El Club Joventut Badalona impuso el ritmo
desde el comienzo del partido"*.

PAINT.- (n). (NBA). (free throw area). **Zona**.
(de tiro libre). **"Pintura"**. *"Roberto Dueñas is in-
timidating in the paint: Roberto Dueñas es inti-
midante dentro de la zona"*. } Ver t. INSIDE.

PALM THE BALL.- (v). (violation). **Acompañar
el balón**. } Tb. CARRY.

PALMING THE BALL.- (n). (violation). **Acompañamiento de balón**. } Tb. CARRYING.

PASS.- (n). **Pase**. } Ver t. PASSING.
a) (kind of passes). (tipos de pases).
‹ **Baseball PASS**.- Pase de béisbol.
‹ **Behind-the-back PASS**.- Pase por detrás
de la espalda.
‹ **Bounce PASS**.- Pase picado. Pase al bote.
‹ **Chest PASS**.- Pase de pecho.
‹ **Flick PASS**.- (making a quick snap with the
wrist). **Pase después del bote. Pase de golpe de
muñeca. Pase lateral con una mano**.
‹ **Flip PASS**.- (hand-to-hand pass). **Pase mano a
mano. Pase de entrega. Pase en bandeja**.
‹ **Hook PASS**.- Pase de gancho.
‹ **Overhead PASS**.- Pase por encima de la ca-
beza.
‹ **Shovel PASS**.- Pase de bolos.
b) (other passes). (otros pases).
‹ **Alley-oop PASS**.- Pase bombeado cerca del
aro.
‹ **Blind PASS/Lookaway PASS/No-look PASS**.-
(using peripheral vision). **Pase sin mirar**. (usando
la visión periférica).
‹ **Coast-to-Coast PASS/Cross-court PASS/
End to end PASS**.- (from one side of the court
to the other). **Pase de canasta a canasta. Pase
de campo a campo**.
‹ **Drop PASS**.- Pase hacia atrás.
‹ **Inbounds PASS**.- Pase de saque de banda.
‹ **Inside PASS**.- Pase dentro. Pase interior.
‹ **Jump PASS**.- Pase en salto. Pase saltando.
‹ **Lead PASS**.- Pase adelantado.
‹ **Lob PASS**.- Pase bombeado. "Globo".
‹ **Outlet PASS**.- (after a defensive rebound).
Pase de apertura. Primer pase. (después de un
rebote defensivo).
‹ **Return PASS**.- Devolución. Pase de vuelta. }
Ver t. GIVE-AND-GO.

‹ **To block/intercept a PASS**.- (v). Cortar. Interceptar. (un pase).
‹ **To deny a PASS**.- (v). Denegar. Impedir. Negar. (un pase).
‹ **To force a PASS**.- (v). Dar un pase forzado. Forzar un pase.
‹ **To make a PASS**.- (v). Dar un pase. Pasar.

PASS.- (v). (to make a pass). Dar un pase. Pasar. } Ver t. ASSIST. FEED.

PASS AND CUT.- (v). Pasar y cortar/continuar. } Tb. GIVE AND GO.

PASSER.- (n). Pasador/a. *"Nando de Colo is a good passer: Nando de Colo es un buen pasador".*

PASS-IN.- (n). } Ver THROW-IN.

PASSING.- (adj). (passes). De pase(s).
‹ **PASSING game**.- Juego de pases.
‹ **PASSING lane**.- Línea. Pasillo. (de pase).

PATH.- (n). **1**- (of a shot). Trayectoria. (de un tiro). } Tb. TRAJECTORY.
2- (of a player). Trayectoria. (de un jugador).
‹ **PATH of a dribbler**.- Trayectoria del jugador que bota el balón.
‹ **PATH of player without the ball**.- Trayectoria del jugador sin balón.

PATTERN.- (n). (of playing). Sistema. (de juego). } Tb. SYSTEM. Ver t. OFFENSE(2).

PENALIZE.- (v). Castigar. Penalizar. Sancionar.

PENALTY.- (n). Castigo. Penalización. Sanción.
‹ **Two-shot PENALTY**.- Penalización con dos tiros libres.

PENALTY SHOT.- (n). } Ver FREE THROW.

PENALTY SITUATION.- (n). Situación de tiro libre. } Tb. BONUS SITUATION.

PENETRATE.- (v). (to the basket). Entrar. Penetrar. Hacer una entrada. Hacer una penetración. (a canasta). } Tb. DRIVE.

PENETRATION.- (n). (to the basket). Entrada. Penetración. (a canasta). } Tb. DRIVE.

PERCENTAGE.- (n). Porcentaje. Promedio. Tanto por ciento. *"Nneka Ogwumike's 66% shooting percentage is the best in the league: El porcentaje de tiro de Nneka Ogwumike del 66% es el mejor de la liga".* } Ver t. AVERAGE.
‹ **Winning PERCENTAGE**.- Porcentaje de partidos ganados. Porcentaje de victorias.

PERIMETER.- (n). (area outside of the lane). Perímetro. Exterior. (área alejada de la zona). } Ver FRONTCOURT(2). Ver t. OUTSIDE.
‹ **PERIMETER game**.- Juego de perímetro.
‹ **PERIMETER shooter**.- Tirador de perímetro.
‹ **PERIMETER shooting**.- Tiro de perímetro.

PERIOD.- (n). (in a game). Periodo. Tiempo. } Ver t. HALF. QUARTER.
 * (FIBA). *"Two periods with two 10' quarters: Dos tiempos con dos cuartos de 10' cada uno".*
 * (NBA). *"Two periods with two 12' quarters: Dos periodos con dos cuartos de 12' cada uno".*
‹ **Extra/Overtime PERIOD**.- (after regulation time). Periodo extra. Prórroga. (después del tiempo reglamentado). } Tb. OVERTIME.

PERIPHERAL VISION.- (n). (corner of the eye vision/side vision). Visión periférica. Visión lateral. } Ver t. COURT VISION.

PERSONAL FOUL.- (n). Falta personal. Personal. } Ver FOUL.

PICK.- (n). **1**- (to free the teammate handling the ball). Bloqueo. Bloqueo directo. (para liberar al compañero que posee el balón). } Ver SCREEN.
‹ **PICK-and-roll**.- Bloqueo directo y continuación.
‹ **PICK away**.- Bloqueo alejado.
‹ **Back/Blind PICK**.- Bloqueo ciego.
‹ **To come off a PICK**.- (v). Pasar/Superar un bloqueo. Salir de un bloqueo.
 * **Going over the top/Fighting through**.- (between the opponent and the pick). Por arriba. (entre el contrario y el bloqueo).

* **Sliding**.- (between the pick and the teammate). Por detrás. (entre el bloqueo y el compañero).
* **Switching**.- Por cambio.
‹ **To set a PICK**.- (v). Bloquear. Hacer un bloqueo.
2- (in the NBA draft). **Derecho de elección. Elección**. *"They had two first-round picks: Tenían dos derechos de elección en la primera ronda"*.

<u>**PICK**</u>.- (v). **1**- (to set a pick). **Bloquear. Hacer un bloqueo directo**. } Ver t. SCREEN.
‹ **To PICK and roll**.- (v). **Bloquear y continuar**.
2- (in the NBA draft). **Elegir. Escoger. Seleccionar**. *"Phoenix Suns wanted to pick a pointguard: Los Phoenix Suns querían elegir a un base"*.

<u>**PICKER**</u>.- (n). (the player who sets a pick). **Bloqueador/a**. (jugador/a que hace un bloqueo).

<u>**PICK SCREEN**</u>.- (n). } Ver PICK.

<u>**PICK UP**</u>.- (v). **1**- (an opponent on defense). **Coger a. Encargarse de**. (un contrario en defensa). *"CB Canarias changed to a man-to-man defense and every player picked up his man: El CB Canarias cambió a defensa individual y cada jugador se encargó de su par"*.
2- (a foul). **Apuntarse. Cargarse con**. (una falta). *"Joel Embiid picked up the fourth personal foul: Joel Embiid se cargó con la cuarta falta personal"*.

<u>**PIVOT**</u>.- (n). **1**- (player). **Pívot**.
2- (position). **Pívot**. (posición).
3- (movement with the feet). **Pivote**. (movimiento con los pies).
‹ **PIVOT foot**.- Pie de apoyo. Pie de pivote.
‹ **Reverse PIVOT**.- (by dropping a foot back). Pivote posterior. (echando un pie hacia atrás).

<u>**PIVOT**</u>.- (v). **Pivotar. Hacer un pivote**.

<u>**PIVOTMAN**</u>.- (n). (player). **Pívot**. } Tb. PIVOT(1).

<u>**PLAY**</u>.- (n). **1**- (the action of a game). **Juego**. (la acción de un partido).
‹ **Ball in PLAY**.- Balón en juego.
* **To put the ball in PLAY**.- (v). Poner el balón en juego.

‹ **Field of PLAY**.- Terreno de juego. Campo. } Ver COURT.
‹ **Phase of PLAY**.- Fase de juego.
‹ **Restart/Resumption of PLAY**.- Reanudación del juego. } Ver TIME-IN.
‹ **Start of PLAY**.- Comienzo del juego. } Ver t. TIP-OFF.
‹ **Stoppage of PLAY**.- Detención del juego.
‹ **Suspension of PLAY**.- Suspensión del juego.
‹ **To expire/finish the time of PLAY**.- (v). Acabar/Terminar el tiempo de juego.
‹ **To restart/Resume the PLAY**.- (v). Reanudar el juego.
‹ **Time of PLAY**.- Tiempo de juego.
2- (a particular action in a game). **Jugada**. (una acción particular en un partido). *"A nice/great play: Una jugada bonita/buena"*. } Tb. MOVE.
‹ **Backdoor PLAY**.- Jugada de puerta atrás.
‹ **Baseline PLAY**.- Jugada por el fondo/por la línea de fondo.
‹ **Four-point PLAY**.- (a 3-point shot and a free throw). **Jugada de cuatro puntos**. (un triple más un tiro libre).
‹ **Inside PLAY**.- Jugada interior/por dentro de la zona.
‹ **Outside PLAY**.- Jugada exterior/por fuera de la zona.
‹ **Three-point PLAY**.- (a two-point basket and a free throw). **Jugada de tres puntos**. (una canasta de dos puntos y un tiro libre).
‹ **To make a PLAY**.- (v). Hacer una jugada.
3- (a planned action/set play in a game). **Jugada establecida. Jugada de ataque. Jugada**. (una acción planeada en un partido). } Ver SET PLAY.
‹ **Inbounds PLAY**.- Jugada de saque de banda.
4- (style of playing). **Juego**. (estilo de juego). } Ver t. GAME(2).
‹ **Defensive PLAY**.- Juego defensivo. } Ver DEFENSE(3).
‹ **Offensive PLAY**.- Juego ofensivo. } Ver OFFENSE(2).

<u>**PLAY**</u>.- (v). **1**- (general sense). **Jugar**. *"I like to play basketball: Me gusta jugar al baloncesto"*. *"Donovan Mitchell plays shooting-guard: Donovan Mitchell juega de escolta"*.
‹ **To PLAY at home**.- Jugar en casa. Jugar en campo propio.

‹ **To PLAY away/on the road**.- Jugar fuera de casa. Jugar en campo contrario. *"Chicago Sky played three games in a row on the road and won two of them: Las Chicago Sky jugaron tres partidos seguidos fuera de casa y ganaron dos de ellos".*
‹ **Refusal to PLAY**.- (a team). Negativa a jugar. (un equipo).
2- (to make a move). **Hacer una jugada. Jugar.**
‹ **To PLAY for one**.- (in the last seconds of a game). **Jugársela a un tiro**. (en los últimos segundos de un partido). *"Kyle Lowrie ran the clock down to play for one: Kyle Lowrie dejó correr el reloj para jugársela a un tiro".*
‹ **To PLAY one-on-one**.- Jugar uno contra uno.
‹ **To PLAY the ball**.- (controling the ball). **Jugar controlando el balón. Jugar el balón.** } Tb. BALL CONTROL(2).
3- (to defend an opponent). **Cubrir. Defender. Marcar.** (a un contrario). } Tb. COVER. DEFEND. GUARD.
‹ **To PLAY close/tight/up**.- (v). **Defender de cerca/fuerte.**
‹ **To PLAY loose**.- (v). **Defender de lejos/flojo.**
4- (the ball). **Pasar.** (el balón).

PLAYDOWN.- (n). (a play-off series). **Competición por series eliminatorias.** } Ver t. PLAY-OFF.

PLAYER.- (n). **Jugador/a**. *"A basketball player: Un/a jugador/a de baloncesto".*
‹ **PLAYER's license**.- Ficha de un jugador.
‹ **PLAYER's number**.- Número de un jugador.
‹ **PLAYER with the ball/Ball control PLAYER**.- Jugador con control/posesión del balón.
‹ **All around PLAYER**.- Jugador completo. Jugador comodín. } Ver t. SWINGMAN.
‹ **Defensive PLAYER**.- Defensor/a. Jugador que defiende.
‹ **Inside PLAYER**.- Jugador interior/de dentro. } Tb. FRONTCOURT(3).
‹ **Most Valuable PLAYER/MVP**- (in a game or competition). **Jugador más destacado. Mejor jugador.** (en un partido o competición).
‹ **Offensive PLAYER**.- Atacante. Jugador que ataca. } Tb. ATTACKER.

‹ **Outside PLAYER**.- Jugador de fuera/de perímetro/exterior. } Ver BACKCOURT(3).
‹ **Uniform/Clothing of a PLAYER**.- Uniforme. Equipación. Vestimenta. (de un jugador).
 * **Jersey/Shirt/Vest**.- Camiseta.
 * **Knee-pad**.- Rodillera.
 * **Shorts**.- Pantalones cortos.
 * **Sneakers/Basketball shoes/Boots**.- Botas de baloncesto/Zapatillas.
 * **Warm-up suit/Sweatsuit**.- Chándal.
 * **Wristband**.- Muñequera.

PLAYGROUND.- (n). (usually a public outdoor facility). **Campo. Cancha. Pista.** (generalmente pública al aire libre). } Ver COURT.

PLAYMAKER.- (n). (player). **Director/a de juego. Base.** *"Silvia Domínguez is one of the best playmakers: Silvia Domínguez es una de las mejores directoras de juego".* } Tb. POINT-GUARD.

PLAYMAKING.- (n). (of a player). **Dirección de juego.** (un jugador).

PLAY-OFF.- (n). **1-** (a game in a play-off series). **Partido de serie eliminatoria.**
‹ **PLAY-OFF series**.- (a number of games played between two teams). **Serie de partidos de eliminatoria.** (entre dos equipos). *"San Antonio Spurs took a 3-games-to-1 lead in the play-off series: Los San Antonio Spurs tomaron una ventaja de 3 partidos a 1 en la serie eliminatoria".*
 * **Best-of-3 series**.- Serie a 2 ganados de 3. Serie al mejor de 3.
 * **Best-of-5 series**.- Serie a 3 ganados de 5. Serie al mejor de 5.
 * **Best-of-7 series**.- Serie a 4 ganados de 7. Serie al mejor de 7.
‹ **PLAY-OFFS/PLAY-OFF competition**.- (NBA). (elimination tournament after the regular season). **Competición por series de partidos de eliminatoria. Series eliminatorias.** } Tb. PLAYDOWN.
‹ **PLAY-OFF berth**.- (NBA). **Puesto. Plaza.** (en las series eliminatorias). *"In the NBA there are 16 play-off berths: En la NBA hay 16 puestos para las series eliminatorias".*
2- (a tie-breaking game). **Partido de desempate.**

<u>POINT</u>.- (n). **1-** (scoring). **Punto. Tanto.** *"They won by a point: Ellas ganaron por un punto".*
‹ **POINTS against.**- Puntos en contra.
‹ **POINTS ahead/up.**- Puntos arriba/de ventaja. Puntos (por) delante.
‹ **POINTS down.**- Puntos abajo. Puntos de menos.
‹ **POINTS for.**- Puntos a favor.
‹ **To score a POINT.**- (v). **Anotar. Marcar.** (un punto). *"CB Bembibre scored twenty points in the third quarter: El CB Bembibre marcó veinte puntos en el tercer cuarto".*
2- (the point-guard position when attacking). **Posición del base.** (atacando).

<u>POINT-GUARD</u>.- (n). (player). **Base. Director/a de juego.** *"At 6' 8", he was the tallest point-guard in the NBA: Con 2,03 m, era el base más alto de la NBA".* } Tb. PLAYMAKER.

<u>POP/POP UP</u>.- (v). (a shot). **Encestar. Meter.** (un tiro). *"Ray Allen was popping from all over: Ray Allen estaba encestando desde todos los sitios".*

<u>POSITION</u>.- (n). **1-** (of a player in the line-up). **Posición. Puesto.** (de un jugador en la alineación). } Tb. BERTH. SPOT.
* **1 (one) POSITION.**- Posición de 1 (uno). *"Point-guard/Playmaker: Base".*
* **2 (two) POSITION.**- Posición de 2 (dos). *"Guard: Escolta".*
* **3 (three) POSITION.**- Posición de 3 (tres). *"Small forward: Alero/Ala".*
* **4 (four) POSITION.**- Posición de 4 (cuatro). *"Power forward: Ala-Pívot".*
* **5 (five) POSITION.**- Posición de 5 (cinco). *"Center/Pivot: Pívot/Poste".*
2- (of a player on the court). **Posición.** (de un jugador en el campo).
‹ **Defensive POSITION.**- Posición defensiva. *"Basic defensive position: Posición básica defensiva".*
‹ **To establish a defensive POSITION.**- (v). **Establecer una posición defensiva.** *"Luis Scola had not established a (legal) defensive position and the referee called for a defensive foul: Luis Scola no había establecido una posición (legal) defensiva y el árbitro señaló falta en defensa".*

‹ **To recover the POSITION.**- (v). (on defense). Recuperar la posición. (en defensa).
‹ **Help(ing) POSITION.**- Posición de ayuda.
‹ **Inside POSITION.**- Posición interior. Posición dentro (de la zona).
‹ **Offensive POSITION.**- Posición ofensiva. Posición de ataque.
‹ **Outside POSITION.**- Posición exterior. Posición fuera (de la zona).
‹ **Point POSITION.**- (point-guard position on attack). **Posición del base en ataque.** } Ver POINT.
‹ **Post POSITION.**- Posición de poste.
‹ **Shooting POSITION.**- Posición de tiro.
3- (in the standings). **Posición. Puesto.** (en la/s clasificación/es). } Tb. RANK.

<u>POSITION</u>.- (v). (the players). **Colocar en una posición.** (a los jugadores).

<u>POSSESSION</u>.- (n). (of the ball in play). **Posesión.** (del balón en juego).
‹ **Alternating-POSSESSION rule.**- Regla de posesión alterna.
‹ **POSSESSION change.**- Cambio de la posesión.
‹ **Time of POSSESSION of the ball.**- Tiempo de posesión del balón.
‹ **To gain POSSESSION.**- (v). (of the ball). **Ganar la posesión.** (del balón).
‹ **To keep POSSESSION.**- (v). (of the ball). **Mantener la posesión.** (del balón).
‹ **To lose POSSESSION.**- (v). (of the ball). **Perder la posesión.** (del balón). } Ver t. TURN OVER.

<u>POST</u>.- (n). **1-** (player). **Pívot. Poste.** *"Arvydas and Domantas Sabonis are very talented posts: Arvydas y Domantas Sabonis son pívots con mucho talento".* } Tb. POST MAN.
2- (position). **Poste.** (posición).
‹ **POST moves.**- Movimientos del poste.
‹ **High POST.**- (near the free throw line). **Poste alto.** (cerca de la línea de tiro libre).
‹ **Low POST.**- (close to the basket). **Poste bajo.** (cerca de la canasta).
‹ **Middle POST.**- Poste medio.

<u>POST MAN</u>.- (n). (player). **Poste.** } Ver POST(1).

<u>**POST UP**</u>.- (v). (to establish a post position). **Establecer una posición en el poste. Situarse de poste.** "*Jan Vesely **posted up** to receive the ball: Jan Vesely se situó de poste para recibir el balón*".

<u>**POST-UP PLAYER**</u>.- (n). **Poste.** (jugador/a). } Tb. POST. POST MAN.

<u>**PRACTICE**</u>.- (n). **1**- (exercise). **Ejercicio. 2**- (training). **Entrenamiento. 3**- (period of training). **Entrenamiento. Periodo/ Sesión de entrenamiento.**

<u>**PRACTICE**</u>.- (v). **1**- (train). **Entrenar. Practicar.** "*She **practices** four days a week: Ella entrena/se entrena cuatro días a la semana*". **2**- (play). **Practicar. Jugar.** "*To **practice** basketball: Practicar/Jugar a baloncesto*".

<u>**PRACTISE**</u>.- (v). (UK). } Ver PRACTICE.

<u>**PRESS**</u>.- (v). (on defense). **Acosar. Presionar. Hacer presión.** (en defensa).

<u>**PRESS(ING)**</u>.- (n). **Presión.** 'Pressing'. (angl).
‹ **Full-court PRESS(ING)**.- **Presión a/en todo el campo.**
‹ **Half-court PRESS(ING)**.- **Presión a/en medio campo.**
‹ **Man-to-man PRESS(ING)**.- **Presión al hombre/individual.**
‹ **Zone PRESS(ING)**.- **Presión en zona. Defensa en zona presionante.**
‹ **To break a PRESS(ING)**.- (v). **Romper/Salir de una presión.**

<u>**PRESSURE**</u>.- (n). } Ver PRESS(ING).

<u>**PROTECT THE BALL**</u>.- (v). **Proteger el balón.**

<u>**PUMP**</u>.- (n). (arm fake). **Finta de tiro.** (con el brazo).
‹ **Double PUMP**.- **Doble finta de tiro.**

<u>**PUMP**</u>.- (v). (to fake a shot). **Fintar un tiro.**

<u>**PUSH/PUSH OFF**</u>.- (v). (foul). **Empujar.** (falta).

<u>**PUSHING**</u>.- (n). (foul). **Empujón.** (falta).

<u>**PUSH THE BALL UPCOURT**</u>.- (v). **Subir el balón.** } Tb. BRING THE BALL UP.

<u>**PUT THE BALL ON THE FLOOR**</u>.- (v). **Botar.** (el balón). } Ver DRIBBLE.

<u>**PUT THE BALL UP**</u>.- (v). **Tirar. Lanzar.** } Ver SHOOT.

<u>**PUT UP**</u>.- (v). (a shot). **Tirar. Lanzar.** (un tiro). "*Klay Thompson **put up** another three-pointer: Klay Thompson lanzó otro triple*". } Ver SHOOT.

Q

<u>**QUADRUPLE DOUBLE**</u>.- (n). (ten or more in four statistics: points, rebounds, assists, steals or blocked shots). **Cuádruple doble.** (diez o más en cuatro estadísticas: puntos, rebotes, asistencias, robos de balón o tapones). "*David Robinson is the only player to get a **quadruple double** this season: David Robinson es el único jugador que ha conseguido un cuádruple doble esta temporada*". } Ver t. DOUBLE FIGURES. TRIPLE DOUBLE.

<u>**QUALIFY**</u>.- (v). (to go to the next round). **Clasificarse.** (pasar a la siguiente ronda). "*Milwaukee Bucks **qualified** for the semifinal: Los Milwaukee Bucks se clasificaron para la semifinal*".

<u>**QUARTER**</u>.- (n). (of a game). **Cuarto.** "*A game in the NBA is divided in four **quarters** of twelve minutes each: Un partido de la NBA está dividido en cuatro cuartos de doce minutos cada uno*". } Ver t. PERIOD.

<u>**QUARTERBACK**</u>.- (n). } Ver POINT-GUARD. PLAYMAKER.

<u>**QUINTET**</u>.- (n). (team). **Quinteto.** (equipo). } Tb. FIVE. Ver TEAM.

R

RAISE THE HAND.- (v). (a player when called a foul on). **Levantar la mano**. (un jugador cuando se le señala una falta).

RALLY.- (n). (offensive or scoring action usually by the trailing team). **Remontada. Recuperación**. (acción ofensiva o anotadora generalmente por el equipo que va perdiendo). *"Obradoiro CAB started a second period **rally** with three consecutive baskets: El Obradoiro CAB comenzó una remontada en el segundo tiempo con tres canastas consecutivas".* } Ver t. BURST. RUN. SPREE. SPURT.

RALLY.- (v). (to make a comeback in a game). **Remontar. Recuperar**. (en un partido). *"**Rallied** from a 13-point deficit to four in two minutes: Remontaron un déficit de trece puntos hasta cuatro en dos minutos".* } Tb. COME BACK. COME FROM BEHIND.

RANGE.- (n). } Ver DISTANCE.

RANK.- (n). (in the standings). **Posición. Puesto**. (en la clasificaciones).

RANK.- (v). (to occupy a position in the standings). **Clasificarse. Estar situado**. (ocupar una posición en las clasificaciones). *"Blake Griffin **ranked** among the top rebounders last season: Blake Griffin se clasificó entre los mejores reboteadores la temporada pasada".*

RANKING.- (n). **Clasificación. 'Ránking'**. (angl). } Ver STANDINGS.

REBOUND.- (n). **Rebote**. } Ver t. BOARDS.
‹ **REBOUND(ING) triangle**.- Triángulo de rebote.
‹ **Defensive REBOUND**.- Rebote defensivo. } Ver t. BOX OUT. OUTLET.

‹ **Offensive REBOUND**.- Rebote en ataque. Rebote ofensivo.
‹ **To grab/hold down/pull down/capture a REBOUND**.- (v). Agarrar. Atrapar. Capturar. Coger. Llevarse. (un rebote).

REBOUND.- (v). **Rebotear**.

REBOUNDER.- (n). (player). **Reboteador/a**.

REBOUNDING.- (adj). (rebounds). **De rebote. De rebotes**.
‹ **REBOUNDING percentage**.- (average of the offensive and defensive rebound percentages). **Porcentaje de rebote**. (promedio de los porcentajes de rebote ofensivos y defensivos).

RECEIVE.- (v). (the ball). **Recibir**. (el balón). *"Come to the ball when **receiving** a pass: Ven hacia el balón cuando recibas un pase".*

RECEIVER.- (n). (player who receives the ball). **Receptor/a**. (jugador/a que recibe el balón).

RECEPTION.- (n). (of the ball). **Recepción**. (de balón).
‹ **RECEPTION fake**.- Finta de recepción.

RECORD(S).- (n). **1** - (of a competition). **Clasificación(es). Estadísticas**. (de una competición). } Tb. STANDINGS. Ver t. STATISTICS.
‹ **Overall RECORD**.- Clasificación general. *"Our overall record of 20-62 (games) was the worst of the season: Nuestra clasificación general de 20-62 (partidos) fue la peor de la temporada".*
2 - (best mark). **Marca. Mejor marca. Plusmarca. 'Récord'**. (angl). *"John Stockton set the NBA record in assists per game in a season: John Stockton estableció la plusmarca de la NBA en asistencias por partido en una temporada".*

RECOVER.- (v). **1** - (the ball). **Recuperar**. (el balón). } Ver t. STEAL.
2 - (on defense). **Recuperar**. (en defensa).
‹ **To help and RECOVER**.- Ayudar y recuperar.
3 - (the position). **Recuperar**. (la posición).

REF.- (n). Short for REFEREE.

REF.- (v). Short for REFEREE.

REFEREE.- (n). Árbitro. Árbitro principal. } Ver t. UMPIRE.
‹ **REFEREE's decision/ruling**.- Decisión del árbitro. Decisión arbitral.
‹ **REFEREE's signal**.- Señal del árbitro. } Ver t. HAND-SIGNAL.
‹ **Assistants of the REFEREE**.- Ayudantes del árbitro. } Ver SCORER. TIMEKEEPER. 24" OPERATOR.
‹ **Center REFEREE**.- Árbitro central.
‹ **Lead(ing) REFEREE**.- Árbitro de cabeza.
‹ **Trail(ing) REFEREE**.- Árbitro de cola.

REFEREE.- (v). Arbitrar. Dirigir. Pitar. (un partido). } Tb. WHISTLE.

REFEREEING.- (n). Arbitraje.

REGULAR.- (n). (player). Titular. } Tb. STARTER.

REGULATION.- 1- (n). Reglamento. Regla. } Tb. RULE.
2- (adj). Reglamentario. Reglamentado. "It is the end of regulation time/play: Es el final del tiempo/juego reglamentario".

REJECT.- (v). (a shot). Interceptar un tiro. Poner un tapón. } Tb. BLOCK.

REJECTION.- (n). (a blocked shot). Tapón. Tiro interceptado.

RELEASE.- (v). (the ball). Soltar. (el balón).

REPLACE.- (v). (a player). Cambiar. Reemplazar. Sustituir. (a un jugador). } Tb. SUBSTITUTE.

RESERVE.- (n). (player). Reserva. Suplente. } Tb. ALTERNATE. BACK UP. SUBSTITUTE.
‹ **RESERVE team**.- Equipo reserva.

RESTART.- (n). (of play). Reanudación. (del juego).

RESTART.- (v). (the play). Reanudar. (el juego). } Tb. RESUME.

RESTRICTED AREA.- (n). Área restringida. } Ver FREE THROW LINE.

RESULT.- (n). (of a game). Marcador final. Resultado. Tanteo final. (de un partido). } Tb. OUTCOME.

RESUME.- (v). (the play). Reanudar. (el juego). } Tb. RESTART.

RETURN.- (n). (of the ball). Devolución. (del balón).

RETURN.- (v). (the ball). Devolver. (el balón).

REVERSE.- (n). 1- (change of direction). Cambio de dirección con reverso. Reverso.
2- (when dribbling). Reverso. (driblando).

RIM.- (n). (of the basket). Aro.
‹ **To hold on the RIM**.- (violation). Agarrar(se). (del aro).

RING.- (n). Short for BASKET RING. Aro. (de la canasta). } Tb. RIM.

ROLL.- (n). Continuación. Giro inverso. Giro de espaldas.
‹ **Pick and ROLL**.- Bloqueo directo y continuación.

ROLL.- (v). (rotate). Continuar. Girar de espaldas. Rotar.
‹ **To pick and ROLL**.- (v). Bloquear y continuar.

ROOKIE.- (n). (a first-year NBA player). Jugador debutante/novato. (NBA).

ROSTER.- (n). (players of a team). Plantilla. (jugadores de un equipo).

ROUND.- (n). (in an elimination tournament). Eliminatoria. Ronda. (en un torneo eliminatorio).
‹ **Qualifying/Preliminary ROUND**.- Eliminatoria de clasificación. Ronda.

ROUT.- (n). (a decisive defeat). Derrota aplastante. "Paliza". (una derrota decisiva).

<u>ROUT</u>.- (v). (to defeat decisively). **Derrotar totalmente. Vencer de forma aplastante. "Dar una paliza".** (derrotar de manera decisiva).

<u>RULE</u>.- (n). **Regla.** } Tb. REGULATION.
‹ **According to the RULES**.- Según las reglas.
‹ **Alternating possession RULE**.- Regla de posesión alterna.
‹ **Infringement/Infraction of the RULES**.- Infracción de las reglas.
‹ **Interpretation of the RULES**.- Interpretación de las reglas.
‹ **Playing RULES**.- Reglas de juego.
‹ **Time RULES**.- Reglas de tiempo.
* **Five-second RULE**.- (FIBA). **Regla de los cinco segundos.** (de retención de balón). } Ver FIVE SECONDS.
* **Eight-second (backcourt) RULE**.- (to move the ball into the frontcourt). **Regla de los ocho segundos.** (para llevar el balón al medio campo ofensivo). } Ver t. EIGHT SECONDS.
* **Three-second RULE**.- (inside the restricted area on attack). **Regla de los tres segundos.** (dentro del área restringida en ataque). } Ver t. THREE SECONDS.
* **Twenty-four second RULE**.- (of possession of the ball). **Regla de los veinticuatro segundos.** (de posesión de balón). } Ver t. TWENTY FOUR SECONDS.
‹ **To apply a RULE**.- (v). **Aplicar una regla.**

<u>RULE</u>.- (v). **Decretar. Decidir.** *"The referee ruled that time had run out before the player shot: El árbitro decretó que el tiempo había acabado antes de que el jugador tirase a canasta".* } Ver t. CALL. REFEREE.

<u>RULING</u>.- (n). (of the referee). **Decisión.** (del árbitro). } Tb. CALL. DECISON.

<u>RUN</u>.- (n). (scoring streak). **Parcial. Racha.** (en el marcador). *"Cadí la Seu tied the game on an 11-0 run: Cadí la Seu empató el partido con un parcial de 11-0".* } Tb. BURST. SPREE. SPURT.

<u>RUN AND GUN</u>.- (style of play). **Juego rápido al contraataque. "Correr y tirar".** (estilo de juego). } Ver GAME(2).

<u>RUNNING GAME</u>.- } Ver GAME(2).

S

<u>SAFETY (MAN)</u>.- (n). **Primer jugador del balance defensivo.**

<u>SAG (OFF)</u>.- (v). (on defense). **Cerrarse. Flotar.** (en defensa). *"If Ben Simmons is away from the ball, his defender can **sag off** him towards the basket he is defending: Si Ben Simmons está alejado del balón, su defensor puede flotar hacia la canasta que está defendiendo".*

<u>SAGGING DEFENSE</u>.- (n). **Cerrarse en defensa. Defensa de flotación.**

<u>SALARY CAP</u>.- (n). (NBA teams). **Tope salarial.** (de los equipos de la NBA).

<u>SCOOP</u>.- (n). (underhand lay-up). **Bandeja hacia arriba. Bandeja "de cuchara".** } Ver LAY-UP.

<u>SCORE</u>.- (n). (points scored in a game). **Marcador. Tanteo.** (puntos marcados en un partido). *"What's the **score**?: ¿Cuál es el marcador?".*
‹ **Final SCORE**.- **Marcador. Resultado.** (final). } Tb. OUTCOME. RESULT.
‹ **Running SCORE**.- (at a given moment). **Tanteo arrastrado.** (marcador parcial en un momento dado).
‹ **To keep SCORE**.- (v). **Llevar la cuenta de puntos. Llevar el marcador.**

<u>SCORE</u>.- (v). (a basket). **Anotar. Encestar. Marcar. Meter.** (una canasta). *"Pascal Siakam **scored** three straight baskets after the timeout: Pascal Siakam metió tres canastas seguidas después del tiempo muerto".*

<u>SCOREBOARD</u>.- (n). (a technical equipment). **Marcador. Tanteador.** (un equipamiento técnico). *"Electronic **scoreboard**: Marcador electrónico".*

SCORE BOOK.- (n). **Acta (del partido).** } Tb. SCORESHEET.

SCOREKEEPER.- (n). See SCORER(1).

SCORELESS.- (adj). **Sin encestar. Sin anotar.** *"David Bertans went **scoreless** in the first half: David Bertans se fue sin anotar en el primer tiempo".*

SCORER.- (n). **1-** (assistant of the referee). **Anotador/a.** (ayudante del árbitro). } Tb. SCORE-KEEPER.
‹ **SCORER's assistant**.- **Ayudante del anotador.**
‹ **SCORER's signal**.- **Señal del anotador.**
‹ **SCORER's table**.- **Mesa del anotador.**
‹ **To report to the SCORER**.- (v). **Presentarse al anotador.** *"The substitute **reported to the scorer** before entering into play: El sustituto se presentó al anotador antes de entrar en juego".*
2- (player). **Anotador/a. Encestador/a.** *"Louis Bullock was the top **scorer** of the game: Louis Bullock fue el máximo anotador del partido".*

SCORESHEET.- (n). **Acta (del partido).** } Tb. SCORE BOOK.
‹ **To register/record on the SCORESHEET**.- (v). **Anotar. Apuntar.** (en el acta del partido).

SCORING.- (n). **1-** (points scored by a player). **Anotación.** (puntos marcados por un jugador).
2- (points scored in a game). **Marcador. Tanteo.** (en un partido). } Ver SCORE. Ver t. POINT(1).

SCOUT.- (n). (of a team). **"Cazatalentos". Ojeador/a. Oteador/a.** (de un equipo).

SCOUT.- (v). **1-** (to observe and study the play of an opponent). **Estudiar al contrario.**
2- (to observe young players). **Buscar jugadores. Ojear.** (observar jugadores jóvenes).

SCOUTING.- (n). (young talented players). **Búsqueda.** (de jóvenes con talento).

SCRAMBLE.- (n). (1-3-1 half court pressure defense). **Defensa en zona presionante a medio campo 1-3-1.** } Ver DEFENSE(3).

SCREEN.- (n). (to free a teammate to receive a pass). **Bloqueo indirecto. Pantalla.** (para liberar a un compañero para recibir un pase). } Ver PICK.
‹ **Illegal SCREEN**.- **Pantalla/bloqueo ilegal.**
‹ **To set a SCREEN**.- (v). **Hacer un bloqueo indirecto. Hacer una pantalla.** } Tb. SCREEN.

SCREEN.- (v). **Hacer un bloqueo indirecto/una pantalla.** } Ver PICK.

SCREEN OUT.- (v). Ver BOX OUT.

SCRIMMAGE.- (n). **1-** (5x5 exercise in practice). **Ejercicio 5x5.** (en entrenamiento).
2- (a practice game). **Partido de entrenamiento.**

SEASON.- (n). **Temporada.**
‹ **Early SEASON**.- **Principio de temporada.**
‹ **Late SEASON**.- **Final de temporada.**
‹ **Off-SEASON**.- **Temporada de descanso.**
‹ **Post-SEASON**.- **Después de la temporada.**
‹ **Pre-SEASON**.- **Pretemporada.**
‹ **Regular SEASON**.- (NBA). **Liga regular. Temporada de liga.** *"Utah Jazz finished the **regular season** with a win: Utah Jazz terminó la liga regular con una victoria".* } Ver t. PLAY-OFF.

SENIOR.- (n). (last/fourth-year NCAA player). **Jugador de cuarto (último) año.** (en la Liga Universitaria NCAA). } Ver t. FRESHMAN. JUNIOR. SOPHOMORE.

SERIES.- (n). } Ver PLAY-OFF.

SET PLAY.- (n). (a planned action in a game). **Jugada establecida/planeada. Jugada en ataque.** } Ver t. PLAY(2).
‹ **To call for a SET PLAY**.- (v). **Marcar una jugada. Señalar una jugada.**
‹ **To set up a (SET) PLAY**.- (v). (by a player). **Elaborar una jugada. Preparar una jugada.** (de ataque por un jugador).

SET UP.- (v). (a play). **Elaborar. Establecer. Preparar.** (una jugada). *"Cristina Ouviña **set up** Lucila Pascua's winning basket: Cristina Ouviña elaboró la canasta ganadora de Lucila Pascua".* } Ver t. SET PLAY.

SET-UP MAN/PLAYER.- (n). (the player who calls for a set play in attack). **Base. Director/a de juego. Jugador que marca una jugada. (en ataque).** } Tb. PLAYMAKER. POINT-GUARD.

SHIFT(ING).- (n). (change of position on defense). **Cambio. Permuta. Permutación. (cambio de posición en defensa).**

SHIFT.- (v). (positions on defense). **Cambiar. Permutar. (posiciones en defensa).** } Tb. SWITCH (OFF).

SHOOT.- (v). (to the basket). **Tirar. Disparar. Lanzar. (a canasta).** } Tb. THROW.
‹ **To SHOOT a jumper**.- (v). **Tirar en suspensión. Tirar en salto. Lanzar un tiro en suspensión.**

SHOOTAROUND.- (n). (practicing or warming-up). **Sesión de tiros de calentamiento o entrenamiento.** *"The coach will tell us the starting lineup after the morning shootaround: El entrenador nos dirá la alineación inicial después de la sesión de tiros matutina".*

SHOOTER.- (n). **1**- (general sense). **Lanzador/a. Tirador/a. Jugador que tira.** } Tb. THROWER. **2**- (a good shooter). **Tirador/a. Encestador/a. (bueno/a).** } Tb. SCORER(2).
‹ **Clutch SHOOTER**.- **Tirador/Encestador en momentos cruciales/decisivos.**
‹ **Long-distance SHOOTER**.- **Tirador de lejos. Tirador de larga distancia.**
‹ **Perimeter/Outside SHOOTER**.- **Tirador de perímetro. Tirador de fuera.**
‹ **Pure SHOOTER**.- **Tirador nato. Tirador puro.**
‹ **Streak SHOOTER**.- **Tirador/Encestador de (a) rachas.**
‹ **Three-point SHOOTER**.- **Triplista. Tirador de triples.**

SHOOTING.- (adj). **De tiro.** } Ver SHOT. } Ver t. ACT OF SHOOTING.
‹ **SHOOTING foul**.- **Falta de tiro.**
‹ **SHOOTING guard**.- (player). **Escolta/base tirador.** } Ver GUARD.

‹ **SHOOTING option**.- **Opción de tiro.**
‹ **SHOOTING percentage**.- **Porcentaje de tiro.**
‹ **SHOOTING position**.- **Posición de tiro.**
‹ **SHOOTING range/distance**.- **Distancia de tiro.**

SHOT.- (n). **1**- (to the basket). **Tiro. Disparo. Lanzamiento. (a canasta).** } Tb. THROW. Ver t. ATTEMPT.
‹ **SHOT selection**.- **Selección de tiro.**
‹ **To block/Intercept a SHOT**.- (v). **Poner un tapón. Interceptar un tiro.** } Ver t. BLOCKED SHOT.
‹ **To connect a SHOT**.- (v). **Conectar un tiro.**
‹ **To enter a SHOT**.- (v). **Entrar un tiro.**
‹ **To fake a SHOT**.- (v). **Fintar un tiro.** } Ver t. FAKE. PUMP.
‹ **To force a SHOT**.- (v). **Tirar forzado. Tirar en mala posición. Forzar un tiro.**
‹ **To hit a SHOT**.- (v). **Acertar. Conectar. Meter. (un tiro). Encestar.** } Ver SCORE.
‹ **To interfere with a SHOT**.- **Interponerse a un tiro.** } Ver GOALTENDING.
‹ **To miss a SHOT**.- (v). **Fallar un tiro.**
‹ **To nail a SHOT**.- (v). **Clavar un tiro.**
‹ **To take/throw/put up a SHOT**.- (v). **Lanzar un tiro.**
2- (style or technique). (estilo o técnica). } Ver t. LAY-UP. TIP-IN.
‹ **Bank SHOT**.- **Tiro al tablero. Tiro a tabla. Tiro apoyándose en el tablero.** } Tb. BANKER.
‹ **Dunk/Stuff SHOT**.- **Mate. Hundimiento.** } Ver t. DUNK. SLAM DUNK.
‹ **Hook SHOT**.- **Tiro de gancho. Gancho.** } Ver t. HOOK.
‹ **Jump SHOT**.- **Tiro en suspensión/salto.** } Tb. JUMPER.
* **Driving jump SHOT**.- **Tiro en entrada.**
* **Fallaway/Fadeaway jump SHOT**.- **Tiro echándose/saltando hacia atrás.**
* **Turnaround jump SHOT**.- **Tiro en suspensión a la media vuelta.** } Tb. TURNAROUND.
‹ **One-handed SHOT**.- **Tiro con una mano.** } Tb. ONE HANDER.
* **One-handed set SHOT**.- **Tiro con una mano sin saltar.**
‹ **Set SHOT**.- **Tiro estático. Tiro sin saltar.**

3- (value in points). (valor en puntos).
‹ **Field SHOT.**- (a two or three points shot). Tiro de campo. (de dos o tres puntos). } Ver t. FREE THROW.
‹ **HIGH percentage SHOT.**- Tiro de alto porcentaje.
‹ **Three-point SHOT.**- Tiro de tres puntos. **Triple.** } Tb. THREE-POINTER.
4- (depending on the position on the court). (dependiendo de la posición en el campo).
‹ **Inside SHOT.**- Tiro desde dentro. Tiro interior.
‹ **Long-distance SHOT.**- Tiro de lejos/larga distancia.
‹ **Medium-distance SHOT.**- Tiro de media distancia.
‹ **Outside/Perimeter SHOT.**- Tiro exterior. Tiro de perímetro. Tiro desde fuera.
‹ **Under-the-basket SHOT.**- Tiro desde debajo de la canasta.
5- (other shots). (otros tiros).
‹ **Alley-oop SHOT.**- Tiro/Mate a pase bombeado cerca del aro.
‹ **Buzzer SHOT.**- (a shot at the buzzer). **Tiro sobre la bocina final.**
‹ **Contest SHOT.**- Tiro con oposición.
‹ **Follow (up) SHOT.**- (second consecutive shot). Segundo tiro. (consecutivo).
‹ **Forced SHOT.**- Tiro forzado. Tiro en mala posición.
‹ **Key SHOT.**- Tiro clave.
‹ **Line drive SHOT.**- (a flat jump shot). **Tiro sin parábola.**
‹ **Off-balance SHOT.**- Tiro desequilibrado.
‹ **Open SHOT.**- Tiro sin oposición.

SHOT BLOCKER.- (n). (the player who blocks a shot). **Taponador/a. Jugador que pone un tapón.** } Ver t. BLOCK(3). BLOCKED SHOT.

SHUFFLE.- (n). **1-** (feet movement on defense). **Desplazamiento. Deslizamiento.** (arrastrando los pies en defensa).
2- (offensive rotation). **Rotación en ataque.**

SIDE.- (n). (area on the court). **Lado.**
‹ **Ball/Strong SIDE.**- Lado del balón/fuerte.
‹ **Help/Weak SIDE.**- Lado de ayuda/débil.

SIDELINE.- (n). **Línea de banda.**

SIDELINE.- (v). (a player). **Sentar.** (en el banquillo). *"Cade Cunningham got into early foul trouble and had to be sidelined: Cade Cunningham se cargó de faltas pronto y le tuvieron que sentar (en el banquillo)".* } Ver t. BENCH. SUBSTITUTE.

SIGNAL.- (n). (of the referee). **Señal.** (del árbitro). } Ver t. HAND-SIGNAL.

SIGNAL.- (v). **1-** (the referee). **Indicar. Señalar.** (el árbitro). } Ver CALL. HAND-SIGNAL.
2- (for the ball a player). **Pedir el balón.**

SIGN ON/UP.- (v). (a player for/with a team). **Fichar.** (un jugador por/con un equipo).

SINK.- (v). (a shot). **Clavar. Encestar. Meter.** (un tiro). *"Andrei Kirilenko sank a three-pointer: Andrei Kirilenko clavó un triple".* } Ver SCORE.

SIXTH MAN.- (n). (player). **Sexto jugador.**

SKILL(S).- (n). (technique of a player). **Técnica. Fundamentos.** (de un jugador).
‹ **Defensive SKILLS.**- Fundamentos defensivos.
‹ **Offensive SKILLS.**- Fundamentos ofensivos/de ataque. } Ver t. FUNDAMENTALS.

SLAM DUNK.- (n). (using force). **Mate.** (con fuerza). } Tb. JAM. Ver t. DUNK.
‹ **SLAM DUNK contest.**- Concurso de mates.

SLAM DUNK.- (v). **Hacer un mate con fuerza. Machacar.** (la canasta).

SLUMP.- (n). (during a game). **Bache. Mala racha.** (durante un partido).
‹ **To be in a SLUMP.**- Tener una mala racha.

SNEAKERS.- (n). **Botas/Zapatillas de baloncesto.**

SOPHOMORE.- (n). (a second-year NCAA or NBA player). **Jugador de segundo año.** (en la NCAA o NBA). } Ver t. FRESHMAN. JUNIOR. SENIOR.

SPIN.- (n). **1**- (turn of the body). **Movimiento de rotación. Giro.** } Ver t. ROLL.
2- (on ball). **Efecto.** (del balón).
‹ **BACKSPIN/UNDERSPIN.**- **Efecto hacia a-trás. Efecto por debajo.** (del balón).
‹ **SIDESPIN.**- **Efecto lateral. Efecto de lado.**
‹ **TOPSPIN.**- **Efecto hacia adelante. Efecto por encima.** (del balón).
‹ **To put a SPIN on the ball.**- (v). **Dar efecto al balón.**

SPIN.- (v). **1**- (to turn the body). **Girar. Hacer un giro. Dar una vuelta.**
2- (on ball). **Dar efecto.** (al balón).

SPORTS HALL/PAVILION.- (n). **Pabellón de deportes. Polideportivo.** } Tb. ARENA.

SPORTSMANLIKE.- (adj). **Deportiva/o.** } Ver t. UNSPORTSMANLIKE CONDUCT.

SPORTSMANSHIP.- (n). **Deportividad.**

SPOT.- (n). **1**- (shooting position of a player). **Posición de tiro.** (de un jugador).
2- } Ver POSITION(1).

SPREE.- (n). (scoring streak). **Parcial. Racha.** (en el marcador). } Tb. BURST. SPURT. RUN.

SPURT.- (n). } See SPREE.

STACK.- (n). (double post attack). **Ataque con poste doble.**

STALL.- (v). (to maintain possession of the ball, usually to run out the clock). **Aguantar el balón. Congelar el balón.** (mantener la posesión del ba-lón, normalmente para dejar pasar el tiempo). } Tb. FREEZE.

STANCE.- (n). **Posición. Postura.** *"Defensive stance: Posición defensiva".* } Ver POSITION(2).

STANDINGS.- (n). (of a competition). **Clasifi-cación(es).** (de una competición).
‹ **Final STANDINGS.**- **La(s) clasificación(es) final(es).**

‹ **Overall STANDINGS.**- **La(s) clasificación(es) general(es).** } Tb. RECORD(S). Ver t. STATIS-TICS.

START.- (n). (of a movement). **Salida. Arranca-da.** } Ver t. DRIBBLE. FAKE. STEP.

STARTER.- (n). (player). **Titular.**

STATISTICS.- (n). **Estadísticas.** *"Many people judge players just on statistics: Mucha gente juzga a los jugadores solo por las estadísticas".* } Ver t. BOX SCORE. RECORD(S). STANDINGS.
‹ **Common STATISTICS.**- **Estadísticas comu-nes.**
 * **Points scored: Puntos marcados.**
 * **Rebounds: Rebotes.**
 * **Assists: Asistencias.**
 * **Blocked shots/Blocks: Tapones.**
 * **Steals: Balones recuperados.**
 * **Turnovers: Balones perdidos.**
‹ **STATISTICAL summary.**- **Resumen esta-dístico.**

STEAL.- (n). (of the ball). **Balón recuperado. Recuperación.** (de balón). **Robo de balón.** *"Gary Payton is one of the few players with more steals than turnovers this season: Gary Payton es uno de los pocos jugadores con más balones recuperados que perdidos esta temporada".*

STEAL.- (v). (a ball). **Recuperar. Robar.** (un ba-lón). **Hacer un robo.** (de balón).

STEP.- (n). **Paso.** } Ver t. DRIBBLE. FAKE.
‹ **Cross-over STEP.**- **Paso (de salida) cruzado. Salida de paso cruzado. Cruce de piernas.** } Tb. CROSSOVER.
‹ **Drop STEP.**- (pivoting). **Paso de caída.** (pivo-tando).
‹ **Rocker STEP/Jab STEP.**- **Paso adelante y atrás. Finta de salida para tirar.**
‹ **Stutter STEP.**- (fake made while dribbling). **Finta de paso botando.** (finta botando).
‹ **STEP back.**- **(Finta de) Paso (hacia) atrás.**

STEPS.- (n). (violation). **Pasos. Cámino.** } Tb. TRAVELING. WALKING.

STOP.- (n). Parada. } Ver t. PIVOT.
‹ STOP on the count of one/Jump STOP.-
Parada en un tiempo. Parada en salto.
‹ STOP on the count of two/Stride STOP.-
Parada en dos tiempos.

STOPWATCH/STOPCLOCK.- (n). Cronómetro. } Ver CLOCK.

STRAIGHTAWAY.- (adv). (in front of the basket). De frente. Frontalmente. (a la canasta). "I
hit a jumper from straightaway: Yo encesté un
tiro en suspensión de frente (a la canasta)".

STREAK.- (n). 1- (series of consecutive victories or defeats). Racha. Serie. (de victorias o
derrotas consecutivas).
‹ Losing STREAK.- Racha/serie de derrotas.
‹ Winning STREAK.- Racha/serie de victorias.
2- (brief period of outstanding performance).
Racha. (corto periodo de actuación destacada).
"Juancho Hernangómez is a streak shooter: Juancho Hernangómez es un tirador de rachas".
3- (scoring). Parcial. Racha. (en el marcador). }
Tb. BURST. RUN. SPURT. SPREE.

STUFF.- (v). } Ver DUNK.

SUB.- (n). Short for SUBSTITUTE.

SUB.- (v). Short for SUBSTITUTE.

SUBSTITUTE.- (n). (player). Reserva. Susti-
tuta/o. Suplente. } Tb. ALTERNATE. BACK UP.
RESERVE.

SUBSTITUTE.- (v). 1- (a player by the coach).
Cambiar. Reemplazar. Sustituir. (un jugador por
el entrenador). } Tb. CHANGE. REPLACE.
2- (to enter the game in place of a teammate).
Reemplazar a. Sustituir a. (entrar en juego en
lugar de un jugador). } Tb. REPLACE.

SUBSTITUTION.- (n). (of a player from the
court). Cambio. Sustitución.

SWING.- (v). (to play in two different positions).
Jugar en dos posiciones. } Ver POSITION(1).

SWINGMAN.- (n). (player). (plays in two different positions on the court). Jugador ambivalente. (juega en dos posiciones diferentes en el
campo).
‹ To be a SWINGMAN.- (v). Jugar en dos posiciones. } Ver SWING.

SWISH.- (v). (to score a basket without touching the rim). Encestar sin tocar el aro. Meter
una canasta limpia. "Laura Gil swished in a shot:
Laura Gil metió una canasta limpia".

SWISHER.- (n). (a basket not touching the rim).
Canasta sin tocar el aro. Canasta limpia.
‹ To shoot a SWISHER.- (v). } Ver SWISH.

SWITCH(ING).- (n). (on defense). Cambio.
Permuta. Permutación. } Tb. SHIFT(ING).
‹ To make a SWITCH.- (v). Hacer un cambio.
} Tb. SWITCH (OFF).

SWITCH (OFF).- (v). (on defense). Cambiar.
Permutar. (en defensa). } Tb. SHIFT.
‹ To jump and SWITCH.- (v). Saltar y cam-
biar.

SYSTEM.- (n). (of playing). Sistema. (de juego).
} Tb. PATTERN. Ver DEFENSE(3). OFFENSE(2).

T

T.- (n). Short for TECHNICAL FOUL.

TABLE.- (n). 1- (of a game). Mesa. (de un partido).
‹ TABLE officials.- (timers and scorers). Ofi-
ciales de la mesa. (cronometradores y anotado-
res). } Ver t. SCORER(1). TIMEKEEPER.
2- (standings). Tabla. Clasificación(es). } Tb. RE-
CORD(S). STANDINGS.

TACTICS.- (n). Táctica. "An established tactic:
Una táctica establecida".

TAP.- (n). Short for TAP-OFF.
‹ **Opening TAP/Opening TIP**.- (start of a game). **Salto inicial**. (comienzo del partido). } Tb. TAP-OFF. TIP-OFF.

TAP.- (v). (the ball). **Palmear**. (el balón). } Tb. TIP. Ver t. TAP-IN.

TAP-IN.- (n). (a basket tapping the ball). **Canasta de palmeo**. } Tb. TIP-IN.

TAP IN.- (v). (to score a basket by tapping the ball). **Encestar de palmeo**. (meter una canasta palmeando el balón). } Tb. TIP-IN.

TAP-OFF.- (n). } Ver TIP-OFF.

TEAM.- (n). **Equipo**.
‹ **TEAM delegate**.- **Delegada/o**. (de un equipo).
‹ **TEAM follower**.- **Seguidor/a de un equipo**.
‹ **TEAM foul**.- **Falta de equipo**. } Ver FOUL.
‹ **TEAM mate**.- **Compañera/o de equipo**.
‹ **TEAMWORK**.- **Trabajo de/en equipo**.
‹ **Attacking TEAM**.- **Equipo atacante**.
‹ **Defending TEAM**.- **Equipo defensor**.
‹ **Home TEAM**.- **Equipo local/de casa**.
‹ **Losing TEAM**.- **Equipo perdedor. Equipo que va perdiendo**.
‹ **National TEAM**.- **Equipo nacional. Selección nacional**.
‹ **Opponent TEAM**.- **Equipo contrario**.
‹ **Reserve TEAM**.- **Equipo reserva. Segundo equipo**.
‹ **Starting TEAM**.- **Equipo inicial. Equipo titular**.
‹ **Visiting TEAM**.- **Equipo visitante**.
‹ **Winning TEAM**.- **Equipo ganador. Equipo que va ganando**.

TECHNICAL.- (n). Short for TECHNICAL FOUL.

TECHNICAL EQUIPMENT.- (n). **Equipamiento técnico. Equipo técnico**.
  * **Foul markers**.- **Marcadores de faltas**.
  * **Game clock**.- **Reloj del partido**.
  * **Scoreboard**.- **Marcador**.
  * **Scoresheet**.- **Acta del partido**.
  * **24" device**.- **Marcador de los 24"**.

TECHNICAL FOUL.- (n). **Falta técnica. Técnica**. } Ver FOUL.

TECHNIQUE.- (n). (of a player). **Técnica**. (de un jugador). } Tb. SKILL. Ver t. FUNDAMENTALS.

TEMPO.- (n). (of a game). **Ritmo**. (de un partido). *"They set up the tempo from the beginning of the game: Impusieron el ritmo desde el comienzo del partido"*. } Tb. PACE.
‹ **Low-TEMPO offense**.- **Ataque a ritmo lento**.
‹ **Up-TEMPO offense**.- **Ataque a ritmo rápido**.

THREE-ON-ONE.- (n). (three teammates defending the same opponent). **Tres contra uno**. (tres compañeros defendiendo al mismo oponente). } Ver t. TRIPLE TEAM.

THREE-POINTER.- (n). **1**- (a three-point basket). **Triple**. (canasta de tres puntos). **2**- (a three-point shot). **Triple**. (tiro de tres puntos).

THREE-POINT SHOOTOUT.- (n). **Concurso de triples**.

THREE-SECONDS.- (n). **Tres segundos**.
‹ **THREE-SECOND area/lane**.- **Área/zona de los tres segundos**. } Tb. FREE THROW AREA.
‹ **THREE-SECOND count**.- **Cuenta de los tres segundos**.
‹ **THREE-SECOND rule**.- (inside the restricted area on attack). **Regla de los tres segundos**. (dentro del área restringida en ataque).
‹ **THREE-SECOND violation**.- **Violación de la regla de los tres segundos. Zona**.

THROW.- (n). (to the basket). **Lanzamiento. Tiro**. } Ver SHOT.
‹ **Free THROW**.- **Tiro libre**. } Ver FREE THROW.

THROW (UP).- (v). (to the basket). **Lanzar. Tirar**. (a canasta). } Ver SHOOT.

THROWER.- (n). (player). **Lanzador/a. Tirador/a. Jugador que lanza**. } Ver SHOOTER.

‹ **Free THROWER**.- Jugador que lanza un tiro libre. Lanzador de tiro libre.

THROWER-IN.- (n). (a player). **Jugador que saca**. (de banda o fondo).

THROW-IN.- (n). (from out of bounds). **Saque**. (desde fuera de banda o fondo). } Tb. PASS-IN.

TIE.- (n). (in a game). **Empate**. (en un partido). } Tb. DRAW.

TIE.- (v). (a game). **Empatar. Igualar**. (un partido). *"Came from behind and **tied** the game with 3' left: Remontaron (el marcador) y empataron el partido a falta de 3'.* } Tb. DRAW.

TIE BALL.- (n). (possession of the ball by two opponents at the same time). **Balón retenido. "Lucha"**. (posesión de balón por dos contrarios al mismo tiempo). } Tb. HELD BALL(1).

TIME.- (n). **1-** (of play). **Tiempo**. (de juego).
‹ **Regulation TIME**.- **Tiempo reglamentado**. *"The score was tied at 103 at the end of **regulation time**: El marcador estaba empatado a 103 al final del tiempo reglamentado".*
 * (FIBA). (four quarters of 10' each: cuatro cuartos de 10' cada uno).
 * (NBA). (four quarters of 12' each: cuatro cuartos de 12' cada uno).
‹ **To expire/finish the TIME**.- (v). (of play). **Acabar/terminar el tiempo**. (de juego).
2- (of possession of the ball). **Tiempo**. (de posesión del balón). } Ver POSSESSION.
3- (timeout). **Tiempo**. (muerto). } Ver TIMEOUT.

TIME.- (v). **Cronometrar. Llevar el tiempo**. } Tb. CLOCK.

TIME-IN.- (n). (restart of play after a timeout). **Reanudación**. (del juego después de un tiempo muerto).

TIMEKEEPER.- (n). (assistant of the referee). **Cronometrador/a**. } Tb. TIMER.

TIMEOUT.- (n). **Tiempo muerto**.

‹ **Injury TIMEOUT**.- **Tiempo muerto por lesión**.
‹ **Mandatory TIMEOUT**.- **Tiempo muerto obligado**. (de televisión). *"In the NBA there are 2 mandatory timeouts in each quarter: En la NBA hay 2 tiempos muertos obligados por cuarto".*
‹ **Referee's TIMEOUT**.- **Tiempo muerto del árbitro**.
‹ **Registered/Charged TIMEOUT**.- **Tiempo muerto registrado/cargado**.
‹ **To call for a TIMEOUT**.- (v). (the referee). **Señalar. Pitar**. (el árbitro). *"The referee saw the injured player and **called for a timeout**: El árbitro vió al jugador lesionado y señaló tiempo muerto".*
‹ **To request/order a TIMEOUT**.- (v). **Pedir/ Solicitar un tiempo muerto**.

TIMER.- (n). **Cronometrador/a**. } Tb. TIMEKEEPER.

TIMING.- (n). **1-** (synchronization of passes and movements). **Coordinación del juego en equipo**. (sincronización de pases y movimientos). ("momento exacto").
2- (reckoning of time). **Cronometraje**.
‹ **Electronic TIMING**.- **Cronometraje electrónico**.
‹ **Manual TIMING**.- **Cronometraje manual**.

TIP.- (n). (a shot tipping the ball). **Palmeo**. (tiro palmeando el balón). } Ver t. TIP-IN.

TIP.- (v). (the ball). **Palmear**. (el balón). } Tb. TAP. Ver t. TIP-IN.

TIP-IN.- (n). (a basket tipping the ball). **Canasta de palmeo**. *"Fran Vázquez's **tip-in** with 1' left put his team up by 3 points: La canasta de palmeo de Fran Vázquez a falta de 1' puso a su equipo 3 puntos arriba".* } Tb. TAP-IN.

TIP IN.- (v). (to score a basket with a tip-in). **Encestar de palmeo**. (meter una canasta palmeando el balón). } Tb. TAP IN.

TIP-OFF.- (n). (start of a game). **Salto inicial**. (comienzo del partido). } Tb. TAP-OFF.
‹ **TIP-OFF circle**.- **Círculo central**. } Ver CIRCLE.

<u>**TOSS**</u>.- (v). (the ball up the referee). **Lanzar.** (el balón al aire el árbitro). } Ver JUMP BALL. TIP-OFF.

<u>**TOURNAMENT**</u>.- (n). (a competition). **Torneo.** (una competición).
‹ **Elimination TOURNAMENT**.- (knockout competition). **Torneo por eliminatorias.** } Ver PLAY OFF.

<u>**TOWER**</u>.- (n). (very tall player). **Jugador/a muy alto/a. "Torre".** } Ver CENTER.

<u>**TRAIL**</u>.- (v). (in a game). **Ir perdiendo.** (en un partido). *"They were **trailing** by 4 points with 2' left: Iban perdiendo por 4 puntos a falta de 2'".*

<u>**TRAILER**</u>.- (n). (the trailing player in a fast-break). **'Trailer'.** (angl). (jugador/a que viene por detrás en un contraataque).

<u>**TRAIN**</u>.- (v). **1**- (a team). **Entrenar. Preparar.** (a un equipo). *"Víctor Lapeña has been **training** women's teams for more than ten years: Víctor Lapeña lleva entrenando equipos femeninos durante más de diez años".* } Ver t. COACH.
2- (a player). **Entrenar(se). Preparar(se).** *"We **train** for two hours a day: Entrenamos dos horas al día".* } Ver t. PRACTICE. WORK OUT.

<u>**TRAINER**</u>.- (n). (assistant coach in charge of the physical training). **Preparador físico.** (ayudante del entrenador encargado de la preparación física).

<u>**TRAINING**</u>.- (n). **a)** (general sense). **Entrenamiento. b)** (physical training). **Preparación física.**
‹ **TRAINING camp**.- **a)** (in summer for players). **Campo de entrenamiento.** (en verano para jugadores). **b)** (of a team during preseason). **Concentración. Campo de entrenamiento.** (de un equipo durante la pretemporada).
‹ **TRAINING scheme**- **Plan de entrenamiento.**

<u>**TRAJECTORY**</u>.- (n). **1**- (of a shot). **Trayecto. Trayectoria.** (de un tiro).} Ver t. GOALTENDING.
2- (of a player). **Trayectoria.** } Tb. PATH.

<u>**TRANSITION**</u>.- (n). (from defense to offense and the other way round). **Transición.** (de defensa a ataque y a la inversa).
‹ **TRANSITION defense**.- **Defensa de transición.**
‹ **TRANSITION game**.- **Juego de transición.**

<u>**TRAP**</u>.- (n). (two-on-one pressing on the ball handler). **Dos contra uno. 'Trap'.** (angl). (presionando al jugador con el balón). } Ver t. TWO-ON-ONE.

<u>**TRAP**</u>.- (v). (to double team the ball handler). **Defender un dos contra uno. Hacer dos contra uno.** (al jugador con el balón). } Ver t. DOUBLE COVER. DOUBLE-TEAM. DOUBLE UP.

<u>**TRAVEL**</u>.- (v). (violation). **Hacer pasos. Hacer camino. Caminar.** } Tb. WALK.

<u>**TRAVELING**</u>.- (n). (violation). **Pasos. Cámino.** } Tb. STEPS. WALKING.

<u>**TRIANGLE AND TWO**</u>.- (n). (defensive system: three players in zone and two man-to-man). **Triángulo y dos.** (sistema defensivo: tres jugadores en zona y dos en defensa individual).

<u>**TRIP(PING)**</u>.- (n). (foul). **Zancadilla.** (falta).

<u>**TRIP (somebody) UP**</u>.- (v). (foul). **Zancadillear. Echar/Poner la zancadilla.** (a alguien). (falta).

<u>**TRIPLE DOUBLE**</u>.- (n). (ten or more in three statistics: points, rebounds, assists, steals or blocked shots). **Triple doble.** (diez o más en tres estadísticas: puntos, rebotes, asistencias, robos de balón o tapones). *"Jason Kidd got his sixth **triple double** of the season: Jason Kidd consiguió su sexto triple doble de la temporada".* } Ver t. DOUBLE FIGURES. QUADRUPLE DOUBLE.

<u>**TRIPLE-TEAM**</u>.- (v). (to guard three-on-one). **Defender tres contra uno. Hacer un tres contra uno.** } Ver THREE-ON-ONE. Ver t. DOUBLE-TEAM. TRAP.

<u>**TRIPLE THREAT**</u>.- (n). (position). **Triple amenaza.** (posición).

<u>TROPHY</u>.- (n). (championship). **Trofeo.**

<u>TRY</u>.- (n). } Ver ATTEMPT.

<u>TRY</u>.- (v). } Ver ATTEMPT.

<u>TURNAROUND</u>.- (n). (starting with the back to the basket). **Tiro en suspensión a la media vuelta.** (comenzando de espaldas a la canasta). } Ver t. JUMPER. SHOT.

<u>TURNOVER</u>.- (n). (loss of possession of the ball). **Pérdida de balón. Balón perdido.** *"Ricky Rubio has a ratio of 3.6 assists for each turnover: Ricky Rubio tiene una proporción de 3,6 asistencias por cada pérdida de balón".*

<u>TURN (THE BALL) OVER</u>.- (v). **a)** (to lose possession of the ball). **Perder la posesión del balón. b)** (due to a violation of the rules). **Perder el balón.** (por cometer una violación de las reglas). *"Miami Heat **turned the ball over** on a 24" violation: Los Miami Heat perdieron el balón por cometer una violación de los 24 segundos".*

<u>TWENTY FOUR SECONDS</u>.- (n). **Veinticuatro segundos.**
‹ **TWENTY FOUR SECONDS operator**.- (assistant of the referee). **Encargado/Operador de los veinticuatro segundos.** (ayudante del árbitro).
‹ **TWENTY FOUR SECONDS rule**.- (of time of possession of the ball). **Regla de los veinticuatro segundos.** (de tiempo de posesión del balón).
‹ **TWENTY FOUR SECONDS violation**.- Violación de la regla de los veinticuatro segundos.

<u>TWO-ON-ONE</u>.- (n). (two teammates guarding the same opponent). **Dos contra uno.** (dos compañeros defendiendo al mismo contrario). } Ver t. DOUBLE-TEAM. TRAP.

<u>TWO-POINTER</u>.- (n). (a 2-point basket). **Canasta de dos puntos.** } Ver t. THREE POINTER. *"Liz Cambage scored 7 **two pointers** last game: Liz Cambage anotó 7 canastas de dos puntos el partido anterior".*

U

<u>UMPIRE</u>.- (n). **Árbitro auxiliar.** } Ver REFEREE.

<u>UNCOVERED</u>.- (adj). (a player). **Desmarcada/o.** *"Victor Oladipo was surprisingly **uncovered** when he shot to the basket: Victor Oladipo estaba sorprendentemente desmarcado cuando tiró a canasta".* } Tb. FREE. OPEN. UNMARKED.

<u>UNDERNEATH</u>.- **1**- (adv). (in the area near or under the basket). **Debajo. Por debajo.** (en el área cerca o debajo de la canasta). *"Yao Ming is unstoppable when he gets the ball **underneath**: Yao Ming es imparable cuando recibe el balón debajo de la canasta/del aro".* } Ver COURT.
2- (prep). (the basket).- **Debajo. Debajo de. Por debajo de. Bajo.** (la canasta).

<u>UNIFORM</u>.- (n). **Vestimenta.** } Ver PLAYER.

<u>UNMARKED</u>.- (adj). (a player). **Desmarcada/o. Sin marcar.** (un jugador). } Tb. FREE. OPEN. UNCOVERED.

<u>UNSPORTSMANLIKE CONDUCT</u>.- (n). (technical foul). **Conducta antideportiva.** (falta técnica).

<u>UNSPORTSMANLIKE FOUL</u>.- (n). **Falta antideportiva.**

<u>UP</u>.- (adv). **1**- (winning in a game). **Por delante. Delante. Arriba.** (ganando en un partido). *"Dallas Wings were ten points **up** at halftime: Las Dallas Wings estaban diez puntos por delante en el descanso".* } Tb. AHEAD.
‹ **To be UP**.- (v). (on the scoreboard). **Estar por delante. Llevar ventaja.** (en el marcador).
2- (close to the player being guarded). **Cerca. Encima.** (del jugador al que se está defendiendo). } Tb. CLOSE

<u>UPCOURT</u>.- (adv). (to/into the offensive half of the court). **Arriba. Campo arriba. Hacia a-rriba. Para arriba. Adelante. Campo adelante. Hacia adelante. Para adelante.** (en/hacia el medio campo de ataque). } Ver t. DOWNCOURT. FRONTCOURT(1).
‹ **To bring/push the ball UPCOURT**.- (v). **Subir el balón.**

V

<u>VERSUS</u>.- (prep). (against). **Contra.** *"Team Le-Bron **versus** Team Giannis: El Equipo LeBron contra el Equipo Giannis".*

<u>VICTORY</u>.- (n). **Victoria.** *"Kobe Bryant's jumper at the buzzer gave LA Lakers a 108-106 **victory** over Houston Rockets: El tiro en suspensión de Kobe Bryant en el último segundo dió la victoria a los LA Lakers por 108 a 106 contra los Houston Rockets".* } Tb. WIN. Ver t. CLINCH.

<u>VIOLATION</u>.- (n). (infraction of the rules that doesn't involve personal contact with an opponent or unsportsmanlike conduct). **Violación.** (infracción de las reglas en la que no existe contacto personal con un contrario o conducta antideportiva).

<u>VISION</u>.- (n). **Visión.**
‹ **Court/Floor VISION**.- **Visión de campo/de juego.** } Tb. COURT SENSE. FLOOR SENSE.
‹ **Peripheral VISION**.- **Visión periférica.**

W

<u>WALK</u>.- (v). (violation). **Hacer pasos. Hacer cámino. Caminar.** } Tb. TRAVEL.

<u>WALKING</u>.- (n). (violation). **Pasos. Cámino.** } Tb. STEPS. TRAVELING.

<u>WARM(ING)-UP</u>.- (n). **Calentamiento.**
‹ **WARM(ING)-UP period/time**.- (before a game). **Periodo de calentamiento.** (antes de un partido).

<u>WARM UP</u>.- (v). **Calentar. Calentarse.** *"It is important to **warm up** before doing physical activity: Es importante calentar antes de hacer actividad física".*

<u>WEAVE</u>.- (n). (movement). **Trenza. Trenzado. Ocho.** (de pases o movimientos). *"The PE teacher prepared a **weave** passing drill: El profesor de Educación Física preparó una rueda de pases en ocho".* } Tb. FIGURE EIGHT.

<u>WEAVE</u>.- (v). **Hacer un trenzado.** (de pases o movimientos).

<u>WHISTLE</u>.- (n). **Silbato.**

<u>WHISTLE</u>.- (v). **1** - (to make a call the referee). **Pitar. Señalar. Silbar.** (el árbitro). } Ver CALL.
2 - (to referee). **Arbitrar. Pitar.**

<u>WIN</u>.- (n). (in a game). **Victoria.** (en un partido).

<u>WIN</u>.- (v). **Ganar. Vencer.** *"Memphis Grizzlies **won** by six points after a great last quarter: Los Memphis Grizzlies ganaron por seis puntos después de un gran último cuarto".*

<u>WING</u>.- (n). **1** - (player). **Ala. Alero.** (jugador/a). } Ver FORWARD.
2 - (corner of the court). **Ala. Esquina.** (del campo). } Tb. CORNER.

<u>WINGMAN</u>.- (n). } Ver WING(1).

<u>WORKOUT</u>.- (n). **1** - (training). **Entrenamiento.** } Tb. PRACTICE.
2 - (period of training). **Periodo. Sesión.** (de entrenamiento). **Entrenamiento.** *"She had a two hours **workout**: Ella tuvo una sesión de entrenamiento de dos horas".*

WORK OUT.- (v). Entrenar. Entrenarse. Practicar. *"We have been **working out** in PE lesson:
Hemos estado entrenando en la clase de Educa-
ción Física".* } Tb. PRACTICE. TRAIN.

WORK THE BALL AROUND.- (v). **Mover
el balón.** *"Sabrina Ionescu will be responsible
to **work the ball around** in our team: Sabrina
Ionescu será la responsable de mover el balón
en nuestro equipo".*

WORK THE BALL OFF.- (v). (to). **Pasar. Dar
un pase** (a). } Ver PASS.

Z

ZONE.- (n). **1-** (the free throw area). **Zona.**
(área de tiros libres). } Ver t. FREE THROW.
2- (a zone defense). **Zona.** (defensa en zona).
‹ **To play zone**.- (v). **Jugar/Defender en zona.**
} Ver DEFENSE(3). Ver t. OFFENSE(2)

2.1. <u>LIST OF TERMS IN THE DICTIONARY ENGLISH-SPANISH</u>

The number indicates section: (1-6)

1- COURT AND BASKETS
2- RULES AND REFEREEING
3- FUNDAMENTALS
4- TACTICS
5- PLAYERS AND TEAMS
6- GAMES AND COMPETITIONS

3. DICCIONARIO DE TÉRMINOS DEL BALONCESTO ESPAÑOL-INGLÉS

A

ABAJO.- (adv.). **1**- (en/hacia el campo defensivo). **Downcourt**. (to/into the defensive half of the court). } Also ATRÁS. See a. ADELANTE. ARRIBA(1). CAMPO.
‹ **Hacia ABAJO/Para ABAJO**.- **Downcourt**.
2- (cerca de la canasta). **Low**. (close to the basket). } See a. ARRIBA(2). POSTE.
‹ **Por ABAJO**.- **Low**.
3- (en el marcador). **Down**. (on the scoreboard). "*El Básquet Manresa iba tres puntos abajo: Básquet Manresa were three points down*". } See a. PUNTO.

ACCIÓN DE TIRAR/DE TIRO.- (nf). **Act of shooting**.
‹ **Falta en la ACCIÓN DE TIRAR/TIRO**.- **Foul in the act of shooting**. "*Encestó, pero le hicieron falta en la acción de tiro y el árbitro concedió un tiro libre: Scored a basket, but was fouled in the act of shooting and the referee awarded a free throw*".

ACERTAR.- (v). (un tiro). **To hit**. (a shot). "*Drazen Petrovic acertó tres triples seguidos: Drazen Petrovic hit three straight 3-pointers*". } See ENCESTAR.

ACLARAR.- (v). (una sección del campo en ataque). **To clear out**. (a section of the court when attacking).
‹ **Hacer un ACLARADO**.- (v). **To clear out**.

ACOMPAÑAMIENTO.- (nm). (de balón). (violación). **Carry(ing)**. **Palm(ing)**. (the ball).

ACOMPAÑAR.- (v). (el balón). (violación). **To carry**. **To palm**. (the ball).

ACOSAR.- (v). (defendiendo). **To press**. (defending). } See PRESIONAR.

ACTA.- (nm). (del partido). **Scoresheet**. **Score book**. **Book**. (of the game).
‹ **Anotar/Apuntar en el ACTA**.- (v). **To register/record on the scoresheet**.

ADELANTE.- (adv). (en/hacia el campo de ataque). **Upcourt**. **Downcourt**. (in or into the offensive half of the court). } Also ARRIBA(1). See a. ABAJO(1). ATRÁS. CAMPO.
‹ **Hacia delante/Para ADELANTE**.- **Upcourt**.

ADENTRO.- (adv). } See DENTRO(1).

ADVERSARIA/O.- (nf/m). **1**- (jugador/a). } See CONTRARIA/O.
2- (adj). (equipo). } See CONTRARIA/O.

AFUERA.- (adv). } See FUERA(1).

AGARRAR.- (v). (falta). **To hold**. (foul).
‹ **AGARRAR(SE) del aro**.- (violación). **To hold on the rim**. (violation).

AGARRÓN.- (nm). (falta). **Holding**. (foul).

AGUANTAR EL BALÓN.- (v). (mantener la posesión del balón). **To stall**. (to keep possession of the ball). } Also CONGELAR EL BALÓN.

AISLAR.- (v). (a un defensor). **To isolate**. (a defender).

AJUSTAR.- (v). **To adjust**. "*Ajustar la defensa: To adjust the defense*".

AJUSTE.- (nm). **Adjustment**.
‹ **Hacer un AJUSTE**.- (v). **To make an adjustment**. "*El entrenador quería hacer unos ajustes y solicitó un tiempo muerto: The coach wanted to make some adjustments and requested a time-out*".

ALA.- (nm/f). **1**- (jugador/a). } See ALERO.
2- (esquina del campo). **Wing**. **Corner**. (of the court). } Also ESQUINA.

ALERO.- (nm). (jugador/a). **Forward**. **Cornerman**. **Wing(man)**. } Also ALA.

‹ **ALERO bajo/pequeño**.- **Small forward**.
‹ **ALERO fuerte/alto/Ala-pívot**.- **Power forward. Strong forward. Big forward**.
‹ **ALEROS y pívots**.- (los jugadores interiores). **Frontcourtmen. Frontcourt. Front line**. (the inside players).

ALINEACIÓN.- (nf). (de un equipo). **Lineup**. (of a team). *"Saski Baskonia ha anunciado su alineación inicial: Saski Baskonia have announced their starting lineup".* } See a. FORMACIÓN.

ALINEAR.- (v). **To line up**.

ALIUP.- (nm). (angl). **Alley-oop**.

ALTURA.- (nf). (de un jugador). **Height**. (of a player). *"¿Qué altura tiene?: How tall is (s)he?* ‹ **Ventaja en ALTURA**.- } See EMPAREJAMIENTO.

AMAGAR.- (v). **To fake (out). To feint**. } See FINTAR.

AMAGO.- (nm). **Fake. Feint. Move**. } See FINTA.
‹ **Hacer un AMAGO**.- (v). **To fake. To feint**. } Also AMAGAR. See FINTAR.

ANOTACIÓN.- (nf). **1**- (puntos marcados por un jugador). **Scoring**. (points scored by a player). } See a. ANOTADOR/A(2). ANOTAR(1). ENCESTADOR/A. ENCESTAR.
2- (puntos marcados por los dos equipos). **Score. Scoring**. (points scored by both teams). } See a. MARCADOR(2). TANTEO.

ANOTADOR/A.- (nm/f). **1**- (ayudante del árbitro). **Scorer. Scorekeeper**. (referee's assistant).
‹ **Ayudante del ANOTADOR**.- **Scorer's assistant**.
‹ **Mesa del ANOTADOR**.- **Scorer's table**.
‹ **Señal del ANOTADOR**.- **Scorer's signal**.
‹ **Presentarse al ANOTADOR**.- (v). **To report to the scorer**. *"Un sustituto debe presentarse al anotador antes de entrar en juego: A substitute must report to the scorer before entering into play".*

2- (jugador/a). **Scorer**. *"Diana Taurasi fue la máxima anotadora del partido con 34 puntos: Diana Taurasi was the high scorer of the game with 34 points".* } Also ENCESTADOR/A.

ANOTAR.- (v). **1**- (una canasta). **To score**. (a basket). } See ENCESTAR.
2- (en el acta del partido). **To register. To record**. (on the scoresheet). } Also APUNTAR.

ANTICIPACIÓN.- (nf). **Anticipation**. *"Su defensa se basa en la anticipación: Their defense is based on anticipation".*

ANTICIPARSE.- (v). **To anticipate**.

ANTIDEPORTIVA.- (nf). (falta). **Unsportsmanlike**. (foul).

ANULAR.- (v). (una canasta). **To cancel score**.

APERTURA.- (nf). (una salida al contraataque). **Break. Fast break**. } See CONTRAATAQUE.
‹ **APERTURA rápida**.- (al contraataque). **Quick break**. *"Rudy Fernández robó un balón e hizo una apertura rápida hacia la canasta: Rudy Fernández stole a ball and made a quick break to the basket".*
‹ **Pase de APERTURA**.- (después de un rebote defensivo). **Outlet pass**. (after a defensive rebound).
‹ **Dar un pase de APERTURA**.- (v). **To outlet**. } See a. REBOTE.

APUNTAR.- (v). (en el acta del partido). **To register. To record**. (on the scoresheet). } Also ANOTAR(2).

ARBITRAJE.- (nm). **Refereeing**.

ARBITRAR.- (v). **To referee**. } Also DIRIGIR(1). PITAR.

ÁRBITRO.- (nm/f). **Referee. Official**.
‹ **ÁRBITRO auxiliar**.- **Umpire. Referee**.
‹ **ÁRBITRO principal**.- **Referee**.
‹ **ÁRBITRO de cabeza**.- **Lead(ing) referee**.
‹ **ÁRBITRO central**.- **Center referee**.

‹ **ÁRBITRO de cola**.- **Trail(ing) referee.**
‹ **Ayudantes del ÁRBITRO**.- **Assistants of the referee.** } See ANOTADOR/A(1). CRONOME-TRADOR/A.
‹ **Decisión del ÁRBITRO**.- (decisión arbitral). **Referee's ruling. Referee's decision. Decision.**
‹ **Señal del ÁRBITRO**.- **Referee's signal.**

ÁREA.- (nm). **Area.**
‹ **ÁREA de banquillos/para el entrenador**.- (en el lateral del campo). a) (FIBA). **Bench area.** b) (NBA). **Coach's box.**
‹ **ÁREA restringida**.- (área de los tiros libres). **Restricted area.** (free throw line) } See TIRO LIBRE. ZONA.

ARO.- (nm). (de la canasta). **Basket ring. Hoop. Rim. Goal.** } See CANASTA(1).
‹ **Soporte/Hierro del ARO**.- **Back iron.**
‹ **Agarrar el ARO/Agarrarse del ARO**.- (v). (violación). **To hold on the rim.** (violation).

ARRANCADA.- (nf). } See SALIDA.

ARRIBA.- (adv). **1**- (en/hacia el campo de ata-que). **Upcourt. Downcourt.** (in or into the offen-sive half of the court). *"Paolo Banchero cogió un rebote y pasó el balón campo arriba: Paolo Banchero took a rebound and passed the ball upcourt".* } Also ADELANTE. See a. ABAJO(1). ATRÁS. ARRIBA.
‹ **Hacia ARRIBA/Para ARRIBA**.- **Upcourt.**
2- (cerca de la línea de tiro libre). **High.** (near the free throw line). } See a. ABAJO(2). POSTE.
‹ **Por ARRIBA**.- **High.**
3- (ganando en un partido). **Ahead. Up.** (winning in a game). *"Íbamos cuatro puntos arriba en el descanso: We were four points up at half-time".* } See DELANTE. GANAR. VENTAJA.

ASIGNACIÓN.- (nf). (tarea de un jugador en el campo). **Assignment.** (task of a player on the court). *"Asignación defensiva: Defensive assign-ment".*

ASIGNAR.- (v). (una tarea a un jugador dentro del campo). **To assign.** (a task to a player on the court).

ASISTENCIA.- (nf). (pase que da lugar a una canasta). **Assist.** (a pass that leads to a basket). } See a. PASE.
‹ **Dar una ASISTENCIA**.- (v). **To assist. To give an assist.** *"Facundo Campazzo solo metió un punto pero dió doce asistencias: Facundo Campazzo only scored one point but gave twelve as-sists".*

ATACANTE.- **1**- (nm/f). (jugador/a que ataca). **Attacker. Offensive player.**
2- (adj).- **Attacking. Offensive.** *"El equipo ata-cante perdió el balón por un mal pase: The at-tacking team made a turnover because of a bad pass".* } Also OFENSIVA. OFENSIVA/O.

ATACAR.- (v). **To attack.**

ATAQUE.- (nm). **1**- (general). **Attack. Offense. Offence.** (UK). } Also OFENSIVA. See a. DE-FENSA.
‹ **ATAQUE exterior/por fuera** (de la zona).- **Outside attack.**
‹ **ATAQUE interior/por dentro** (de la zona).- **Inside attack.**
2- (sistema de ataque). **Offense. Attack.** (of-fensive system). } See a. JUEGO(2).
‹ **ATAQUE abierto**.- (para abrir una defensa). **Spread offense. Spread-court offense. Open court offense.** (to open up a defense).
‹ **ATAQUE a medio campo**.- **Half court of-fense.**
‹ **ATAQUE a todo el campo**.- **Full court of-fense.**
‹ **ATAQUE con poste doble**.- **Stack.** (double-post attack).
‹ **ATAQUE contra defensa en zona**.- **Zone offense.**
‹ **ATAQUE contra defensa individual**.- **Man-to-man offense.**
‹ **ATAQUE en movimiento**.- **Motion offense.**
‹ **ATAQUE libre**.- **Freelance offense. Free-wheeling offense/attack.** } Also JUEGO LIBRE.
‹ **ATAQUE posicional/estático/con sistema de juego**.- **Patterned/Set offense.**
‹ **ATAQUE (a ritmo) lento/ATAQUE con-trolando el balón**.- **Ball control. Delay game. Low-tempo offense.**

‹ **ATAQUE (a ritmo) rápido**.- Up-tempo offense.
‹ **Llevar el ATAQUE**.- (v). (un jugador). **To run the offense**. (a player).
‹ **Rotación en ATAQUE**.- Shuffle. (offensive rotation).

ATRÁS.- (adv). (en/hacia el campo defensivo). **Downcourt**. (in or into the defensive half of the court). } Also ABAJO(1). See a. ADELANTE. ARRIBA(1). CAMPO.
‹ **Hacia ATRÁS/Para ATRÁS**.- **Downcourt**.

AYUDA.- (nf). (en defensa). **Help(ing)**. (on defense).
‹ **Posición de AYUDA**.- Help(ing) position.
‹ **Hacer una AYUDA/Realizar una AYUDA**.- (v). **To help (out)**. } Also AYUDAR.

AYUDAR.- (v). **1**- (en defensa). **To help (out)**. (on defense).
‹ **AYUDAR y recuperar**.- **To help and recover**. **2**- (a un compañero con un dos contra uno). **To double team. To trap**. (to help a teammate with a two-on-one). } See DOS CONTRA UNO.

B

BAJAR.- (v). (a defender). **To get back**. (to defend). } See a. RECUPERAR.

BALANCE.- (nm). **Balance**. *"Balance defensivo: Defensive balance"*. } Also EQUILIBRIO.

BALÓN.- (nm). **Ball**. *"Pásame el balón: Pass me the ball"*.
‹ **BALÓN devuelto a pista trasera**.- (violación). } See CAMPO ATRÁS.
‹ **BALÓN en juego**.- Ball in play. Live ball.
* **Poner el BALÓN en juego**.- (v). **To put the ball in play**.
‹ **Sujeción del BALÓN/Agarre del BALÓN**.- Grip. (of the ball).

BALONCESTISTA.- (nm/f). Basketball player. Basketballer. } See JUGADOR/A.

BALONCESTO.- (nm). Basketball.
‹ **Curso/Seminario de BALONCESTO**.- Clinic.

BALONCESTO CONTROL.- (nm). (estilo de juego). **Ball control. Control basketball**. (style of play). } See a. JUEGO(3).

BALÓN MUERTO.- (nm). (sin estar en juego). **Dead ball**. (not in play).

BALÓN PERDIDO.- (nm). (pérdida de posesión de balón). **Turnover**. (loss of possession of the ball). } See PERDER EL BALÓN.

BALÓN RECUPERADO.- (nm). **Steal**. (of the ball). *"Es una de los pocas jugadoras con más balones recuperados que perdidos esta temporada: She is one of the few players with more steals than turnovers this season"*. } Also ROBO.

BALÓN RETENIDO.- (nm). (posesión del balón por dos contrarios al mismo tiempo). **Held ball. Tie ball**. (possesssion of the ball by two opponents at the same time). } See a. BALÓN RETENIDO 5". Also LUCHA.

BALÓN RETENIDO 5".- (nm). (violación: FIBA). **5" held-ball. Held ball**. (violation) } See a. CINCO SEGUNDOS.

BALÓN SUELTO.- (nm). (sin estar en posesión de un jugador o equipo). **Loose ball. Free ball**. (not in possession of a player or team).

BALÓN VIVO.- (nm). (en juego). **Live ball**. (in play).

BANCO.- (nm). } See BANQUILLO.

BANDA.- (nf). **1**- (lateral del campo). **Court-side**.
2- (la línea de banda). **Side line**. } See a. LÍNEA.

BANDEJA.- (nf). (tiro). **Lay-up. Lay-in**. (shot). } Also DEJADA. See a. TIRO.

‹ **BANDEJA a canasta pasada/BANDEJA a aro pasado/BANDEJA inversa**.- Crossunder (lay-up). Reverse lay-up.
‹ **BANDEJA de abajo hacia arriba** ("de cuchara").- Underhand lay-up. Scoop.
‹ **BANDEJA de frente** (a la canasta).- Front lay-up.
‹ **BANDEJA en entrada**.- Driving lay-up.

BANQUILLO.- (nm). **1**- (para los jugadores reservas). **Bench**. (for the reserve players).
‹ **Área/Zona de BANQUILLO**.- (en el lateral del campo). **a)** (FIBA). **Bench area**. **b)** (NBA). **Coach's box**.
‹ **Salir del BANQUILLO**.- (v). (un jugador a jugar). **To come off the bench**. (to play). *"Toni Kukoc salió del banquillo a falta de 5' y metió 14 puntos: Toni Kukoc came off the bench with 5' remaining and scored 14 points"*.
‹ **Sentar en el BANQUILLO**.- (v). **To bench**. **To sideline**. *"Falló cuatro tiros seguidos y estuvo sentado en el banquillo el resto del primer tiempo: Missed four straight shots and got benched for the rest of the first half"*.
2- (jugadores reservas). **Bench**. (reserve players).
‹ **Buen BANQUILLO**.- (buenos reservas). **Bench depth**. (good reserve players).
‹ **CalientaBANQUILLOS**.- (jugador/a). **Bench warmer**.
‹ **Puntos del BANQUILLO**.- Bench scoring.

BASE.- (nm/f). (jugador/a). **Point-guard. Playmaker. Set-up man/player**. } Also DIRECTOR/A DE JUEGO.
‹ **BASE y escolta/los BASES**.- Backcourtmen. **Backcourt. The guards**. } See a. ESCOLTA.
‹ **Posición (teórica) del BASE**.- (en ataque). **Point**. (in attack). } See POSICIÓN.

BATIR.- (v). **To beat. To defeat. To outplay. To win**. } Also DERROTAR. GANAR. VENCER.

BLOQUE.- (nm). (equipo). **Block**. (team). } See EQUIPO.

BLOQUEADOR/A.- (nm/f). (jugador/a que hace un bloqueo). **Picker**. (the player who sets a pick).

BLOQUEAR.- (v). **1**- (a un jugador). **To pick. To set a pick**. } See a. BLOQUEO.
‹ **BLOQUEAR y continuar**.- To pick and roll.
2- (falta). **To block**. (foul). } Also OBSTRUIR. See a. FALTA.
3- (el rebote). **To box out. To block out/off. To screen out**. (the rebound).
4- (un tiro). **a)** (taponar). **To block a shot**. } See TAPÓN. TAPONAR. **b)** (en trayectoria descendente/cayendo el balón). (violación). **To interfere. To block**. (a shot when goaltending). (violation). } See a. INTERPONERSE.

BLOQUEO.- (nm). (para liberar al compañero que maneja el balón). **Pick. Screen**. (to free the teammate handling the ball). } See a. PANTALLA.
‹ **BLOQUEO/BLOQUEO directo**.- Pick. Pick screen.
‹ **BLOQUEO alejado**.- Pick away.
‹ **BLOQUEO ciego**.- Back pick. Blind pick.
‹ **BLOQUEO defensivo**.- Body-check.
‹ **BLOQUEO directo y continuación**.- Pick-and-roll.
‹ **BLOQUEO indirecto**.- Screen. } See PANTALLA.
‹ **Hacer un BLOQUEO**.- (v). **To set a pick. To pick**. } Also BLOQUEAR.
 * **Jugador que hace un BLOQUEO**.- Picker. } Also BLOQUEADOR/A.
‹ **Salir de/Pasar/Superar un BLOQUEO**.- (v). **To come off a pick**.
 * **Por arriba**.- (entre el contrario y el bloqueo). **Going over the top. Fighting through**. (between the opponent and the pick).
 * **Por detrás**.- (entre el bloqueo y el compañero). **Sliding**. (between the pick and the teammate).
 * **Por cambio**.- Switching.

BLOQUEO ILEGAL.- (nm). (falta). **Block(ing)**. } Also OBSTRUCCIÓN.

BOCINA.- (nf). (señal de final del partido). **Buzzer**. (end of the game signal).
‹ **La BOCINA final**.- The (final) buzzer. *"Anotó la canasta ganadora sobre la bocina final: He scored the game-winning basket at the buzzer"*.
‹ **Tiro sobre la BOCINA final**.- (en el último segundo). **Buzzer shot**. (in the final second).

<u>BOLA</u>.- (nf). } See BALÓN.

<u>BOMBILLA</u>.- (nf). (área y semicírculo de tiro libre). **Key. Keyhole.** (free throw area and semi-circle). } Also BOTELLA.
‹ **Parte superior de la BOMBILLA**.- **Top of the key.** "*J.M. López Iturriaga encestó un tiro en suspensión desde la parte superior de la bombilla: J.M. López Iturriaga scored a jumper from the top of the key*".

<u>BOTAR</u>.- (v). **1**- (el balón). **To bounce.** (the ball). **2**- (con el balón). **To dribble. To put the ball on the floor.** } See a. DRIBLAR. REGATEAR.
‹ **Jugador que BOTA**.- **Dribbler.** } Also DRIBLADOR/A.
3- (saltar). **To jump. To leap.** } Also SALTAR. See a. BOTE(2).

<u>BOTE</u>.- (nm). **1**- (del balón). **Bounce.** (of the ball). **2**- (con el balón). **Dribble. Dribbling.** (with the ball). } Also DRIBLE. DRIBLING. REGATE.
‹ **BOTE con cambio de dirección y mano**.- **Dribble changing direction and hands.**
‹ **BOTE (con cambio de mano) con reverso**.- **a)** (con cambio de mano). **Reverse dribble. b)** (con una mano). **Spin dribble.** } Also REVERSO.
‹ **BOTE (con cambio de mano) entre las piernas**.- **Between-the-legs dribble.**
‹ **BOTE (con cambio de mano) por delante/ BOTE con paso cruzado**.- **Cross-over dribble.**
‹ **BOTE (con cambio de mano) por detrás de la espalda**.- **Behind-the-back dribble.**
‹ **BOTE de protección**.- **Low-control dribble.**
‹ **BOTE de velocidad**.- **High-speed dribble.**
‹ **BOTE ilegal**.- **Illegal dribble.** } See DOBLE. ACOMPAÑAMIENTO.
3- (salto). **Jump. Leap.** } See SALTO.
‹ **Dar un BOTE**.- (v). **a) To jump. To leap.** } Also BOTAR(2). See SALTAR. **b)** (salto sin carrera). **Jump differential.** (without a run). "*Nate Robinson tiene un increíble bote de 110 cm: Nate Robinson has an amazing 43 inches jump differential*".
‹ **Jugador con mucho BOTE**.- **Leaper.** (a player with a good jumping ability).

<u>BOTELLA</u>.- (nf). } See BOMBILLA.

C

<u>CAJA/CAJÓN Y UNO</u>.- (nf/m). (sistema defensivo). **Box and one. Box.** (defensive system). } See a. DEFENSA(3). DIAMANTE Y UNO.

<u>CALENTAMIENTO</u>.- (nm). **Warm(ing) up.**
‹ **Periodo/Tiempo de CALENTAMIENTO**.- (antes de un partido). **Warming-up period/time.** (before a game).

<u>CALENTAR</u>.- (v). **To warm up.** } Also CALENTARSE.

<u>CALENTARSE</u>.- (v). } See CALENTAR.

<u>CALIENTE</u>.- (adj). (encestando todo un jugador). **Hot. On fire.** (scoring everything a player). "*Dwyane Wade estaba caliente: Dwyane Wade was on fire*". } See MANO.

<u>CALLE</u>.- (nf). (en un contraataque). **Lane.** (on a fast break). } Also PASILLO.
‹ **Posición en la CALLE**.- **Lane spot.**
‹ **Coger/Ocupar las CALLES**.- (v). (en un contraataque). **To fill the lanes.** (on a fast break).

<u>CAMBIAR</u>.- (v). **1**- (sustituir a un jugador el entrenador). **To change. To replace. To substitute.** (a player by the coach). } Also REEMPLAZAR. SUSTITUIR.
2- (en defensa). **To switch. To switch off. To shift.** (on defense). } Also PERMUTAR.
‹ **Saltar y CAMBIAR**.- **To jump and switch.**
‹ **CAMBIAR de canastas/campo**.- **To change baskets/ends.**
‹ **CAMBIAR de dirección**.- **To reverse direction. To change direction.** } See BOTE. PASO.
‹ **CAMBIAR el ritmo**.- (de un partido). **To change the pace/tempo.** (of the game).
‹ **CAMBIAR de ritmo**.- (un jugador). **To change speed.** (a player).

CAMBIO.- (nm). **1**- (de un jugador por el entrenador). **Change. Substitution.** (of a player by the coach). } Also SUSTITUCIÓN.
‹ **Hacer un CAMBIO**.- (v). **To substitute.** } Also CAMBIAR. SUSTITUIR.
2- (en defensa). **Switch(ing). Shift(ing).** (on defense). } Also PERMUTA. PERMUTACIÓN.
‹ **Hacer un CAMBIO**.- (v). **To switch. To make a switch.** } Also PERMUTAR.
‹ **CAMBIO de canastas/de campo**.- **Change of baskets/ends.**
‹ **CAMBIO de dirección**.- (un jugador). **Change of direction.** (a player) } See BOTE. PASO.
‹ **CAMBIO de dirección con reverso**.- **Reverse.**
‹ **CAMBIO de ritmo**.- (en un partido). **Change of pace/tempo.** (in a game).
‹ **CAMBIO de ritmo**.- (un jugador). **Change of speed.** (a player).

CAMINAR.- (v). (violación). **To travel. To walk.** } See PASOS.

CÁMINO.- (nm). (violación). **Steps. Traveling. Walking.** } See PASOS.
‹ **Hacer CÁMINO**.- (v). **To travel. To walk.** } Also CAMINAR. See PASOS.

CAMPEONATO.- (nm). **Championship.**

CAMPO.- (nm). (de juego). **Court. Field. Floor.** (of play). } Also CANCHA. PISTA. See LÍNEA.
 * **Cambiar de CAMPO/de canastas**.- (v). **To change ends/baskets.**
 * **Elegir CAMPO/la canasta**.- (v). **To choose ends/baskets.**
 * **Sortear el CAMPO/las canastas**.- (v). **To toss up for baskets.**
‹ **CAMPO propio**.- (de un equipo). **Home-court.** (of a team).
 * **Ventaja de jugar en CAMPO propio**.- **Home-court advantage.**
‹ **CAMPO público**.- (al aire libre). **Playground.** (public outdoor facility).
‹ **Dentro/Hacia dentro del CAMPO**.- **Inbounds.**
‹ **Fondo del CAMPO**.- (área cerca de la línea de fondo). **Baseline.** (area near the end line). } See FONDO.

‹ **Fuera/Hacia fuera del CAMPO**.- **Out. Out of bounds.** } See a. FUERA.
‹ **Lateral del CAMPO**.- **Court side.** } Also BANDA.
‹ **Límites del CAMPO**.- (líneas de demarcación). **Boundaries. Boundary lines.** } See LÍNEA.
‹ **Medio CAMPO**.- **Half-court.** } See a. PISTA.
‹ **En/Hacia el medio CAMPO opuesto**.- (in/into the opposite half-court). **Downcourt.** } See a. ABAJO(1). ADELANTE. ARRIBA(1). ATRÁS.
‹ **Medio CAMPO de ataque/ofensivo**.- (de un equipo). **Frontcourt.** (offensive half-court of a team).
 * **En/Hacia el medio CAMPO de ataque**.- **Upcourt. Downcourt.** (in/into the frontcourt). } See a. ADELANTE. ARRIBA(1).
‹ **Medio CAMPO defensivo**.- (de un equipo). **Backcourt.** (defensive half-court of a team).
 * **Balón devuelto al medio CAMPO defensivo**.- **Backcourt violation.** } See CAMPO ATRÁS.
 * **En/Hacia el medio CAMPO defensivo**.- **Downcourt.** (in/into the backcourt). } See a. ABAJO(1). ATRÁS.
‹ **Mitad del CAMPO**.- **Midcourt.** *"Empieza el ejercicio desde **la mitad del campo**: Start the drill from midcourt".*
‹ **Tiro de CAMPO**.- (dos o tres puntos). **Field shot.** (two or three points shot). } See CANASTA(2).
‹ **Todo el CAMPO**.- **Full court.**

CAMPO ATRÁS.- (nm). (violación). (balón devuelto al medio campo defensivo después de haber cruzado la línea central con posesión de balón). **Backcourt violation. Over and back.** (return to the backcourt after crossing the division line with possession of the ball). } See a. OCHO SEGUNDOS.

CANASTA.- (nf). **1**- (el aro y la red). **Basket. Bucket. Goal. Hoop.** (the rim and net). } Also CESTA. CESTO.
‹ **CANASTA contraria/de los contrarios**.- **Opponent('s) basket.**
‹ **CANASTA propia**.- **Own basket.**
‹ **Aro de la CANASTA**.- **Basket ring. Rim.**
‹ **Debajo de/Bajo la CANASTA**.- (posición). **Underneath.** (the basket). } See a. DEBAJO.

‹ **De frente/Frontalmente a la CANASTA.-** Straightaway.
‹ **Red(es) de la CANASTA.-** Cords. Net(s). Net cords.
‹ **Soporte de la CANASTA.-** Basket support.
‹ **Cambiar de CANASTA/campo.-** (v). To change baskets/ends.
‹ **Elegir CANASTA/campo.-** (v). To choose baskets/ends.
‹ **Entrar a CANASTA.-** (v). **To drive. To go to the basket.** } See ENTRAR. PENETRAR.
‹ **Interferencia con/Interposición a la CANASTA.-** (violación). **Basket interference.** } See a. INTERPONERSE.
‹ **Sortear las CANASTAS/el campo.-** (v). **To toss up for baskets.**
2- (tiro convertido). **Basket. Bucket. Field goal. Goal. Hoop.** (a converted shot). } Also CESTA. ENCESTE. See a. TIRO LIBRE.
‹ **Anular una CANASTA.-** (v). **To cancel a basket.**
‹ **CANASTA anulada/no válida.-** No basket/score.
‹ **CANASTA de campo.-** (de dos o tres puntos). **Field goal.** (a two or three-point basket).
‹ **CANASTA de dos puntos.-** Two-point basket. Two-point field goal. Two-pointer.
‹ **CANASTA de tres puntos.-** Three-point basket. Three-point field goal. Three-pointer. } Also TRIPLE.
‹ **CANASTA de un punto.-** One-point basket.
‹ **CANASTA limpia/sin tocar el aro.-** Swisher.
‹ **Encestar/Marcar/Meter una CANASTA.-** (v). **To score a basket. To make a goal.**

CANCHA.- (nf). } See CAMPO.

CAPITÁN/A.- (nm/f). (de un equipo). **Captain.** (of a team).

CARGA.- (nf). (falta). **Charging. Charge.** } See a. FALTA EN ATAQUE.
‹ **Aguantar una CARGA.-** (v). **To take a charge.** *"Serge Ibaka **aguantó la carga** y provocó una falta: Serge Ibaka took the charge and drew a foul".*
‹ **Hacer una CARGA.-** (v). **To charge.** } Also CARGAR.

CARGAR.- (v). (falta). **To charge.** } See CARGA.

CASTIGAR.- (v). (el árbitro). **To penalize.** (the referee). } Also PENALIZAR.

CASTIGO.- (nm). (del árbitro). **Penalty.** (of the referee). } Also PENALIZACIÓN.

CESTA.- (nf). } See CANASTA.

CESTO.- (nm). } See CANASTA.

CINCO.- (nm). (equipo de baloncesto). **Five.** (a basketball team). *"El **cinco** inicial: The starting five".* } See EQUIPO.

CINCO SEGUNDOS.- (nmp). **Five seconds.**
‹ **Balón retenido CINCO SEGUNDOS.-** (violación). (FIBA). **Five-second held ball. Five-second violation.** } See a. BALON RETENIDO.
‹ **Cuenta de los CINCO SEGUNDOS.-** Five-second count.
‹ **Regla de los CINCO SEGUNDOS.-** (FIBA). (retención de balón sin botar, pasar o tirar). **Five-second rule.** (possession of the ball without dribbling, passing or shooting).

CÍRCULO.- (nm). **Circle.**
‹ **CÍRCULO central.-** Center/Tip-off circle.
‹ **CÍRCULO de tiros libres.-** Free throw circle.
‹ **CÍRCULO restringido.-** Restraining circle.

CLASIFICACIÓN(ES).- (nf). (de una competición). **Standings. Record(s). Ranking.** (of a competition).
‹ **CLASIFICACIÓN(ES) final(es).-** Final standings.
‹ **CLASIFICACIÓN(ES) general(es).-** Overall standings/record(s). } See a. ESTADÍSTICAS.
‹ **Posición/Puesto en la CLASIFICACIÓN.-** Rank. Position.

CLASIFICARSE.- (v). **1-** (pasar a la siguiente ronda). **To qualify.** (to go to the next round). *"El Real Valladolid Baloncesto **se clasificó** para la final: Real Valladolid Baloncesto qualified for the final".*

2- (ocupar o estar situado en un puesto en la clasificación). **To rank.** (to occupy a position in the standings). *"**Se clasificó** la segunda en rebotes la temporada anterior: She ranked second in rebounds last season".* } See a. PUESTO(2).

__CLAVAR__.- (v). (un tiro). **To nail.** (a shot). *"Elgin Baylor **clavó** nueve tiros seguidos: Elgin Baylor nailed nine straight shots".* } See ENCESTAR.

__CLINIC__.- (nm). (angl). (curso/seminario de baloncesto). **Clinic.**

__CLUB__.- (nm). (angl). **Team.** } See EQUIPO. See a. FRANQUICIA.

__CODAZO__.- (nm). (falta). **Elbowing. Elbow shove.** (foul).

__COGER__.- (v). (a un adversario en defensa). **To pick up.** (an opponent on defense). } Also ENCARGARSE.

__COMETER__.- (v). (una falta). **To commit.** (a foul). *"**Cometió** su tercera falta personal en el primer cuarto: Committed his third personal foul in the first quarter".* } See FALTA.

__COMPETICIÓN__.- (nf). **Competition.**
‹ **COMPETICIÓN por eliminatorias**.- (sistema de copa). **Elimination tournament. Knock-out competition.** } See a. ELIMINATORIA.
‹ **Horario de la COMPETICIÓN**.- **Competition schedule/timetable.**
‹ **Programa de la COMPETICIÓN**.- **Competition programme.**
‹ **Reglas de la COMPETICIÓN**.- **Competition rules.**
‹ **Sedes de la COMPETICIÓN**.- **Competition sites.**

__CONCEDER__.- (v). **To award.** *"El árbitro **concedió** un tiro libre adicional: The referee awarded an additional free throw".* } Also DAR. SEÑALAR.

__CONDUCTA ANTIDEPORTIVA__.- (nf). (falta técnica). **Unsportsmanlike conduct.** (technical foul).

__CONECTAR__.- (v). **1-** (un tiro). **To connect. To hit.** (a shot). *"Carlton Myers **conectó** un triple: Carlton Myers hit a 3-pointer".* } See ENCESTAR.
2- (pasar el balón). **To hit. To pass.** (the ball). *"**Conecta** con #2 en el corte o con #5 en el poste: Hit #2 on cut or #5 on post".* } See a. DAR. PASAR.

__CONFERENCIA__.- (nf). (NBA). **Conference.** *"Las **conferencias** Este y Oeste: The Eastern and Western conferences".* } See a. DIVISION.

__CONGELAR EL BALÓN__.- (v). (mantener la posesión del balón, normalmente para dejar correr el reloj). **To freeze (the ball). To stall.** (maintain possession of the ball, usually to run out the clock). *"**Congelaron el balón** en su último ataque: They froze the ball on their last attack".* } Also AGUANTAR EL BALÓN.

__CONTACTO__.- (nm). **Contact.** } See a. GOLPEAR.
‹ **CONTACTO casual/accidental**.- **Incidental contact. Marginal contact.**
‹ **CONTACTO con el cuerpo**.- **Body-check.**
‹ **CONTACTO con la mano**.- **Hand-check(ing).** } See a. MANO.
‹ **Hacer CONTACTO con la mano**.- (v). (al jugador que se defiende). **To (hand) check.** (to the player one is defending).
‹ **CONTACTO personal**.- **Personal contact.**

__CONTINUACIÓN__.- (nf). (acción continua de una jugada). **Continuation.** (of a play). *"Le hicieron falta a Nieves Anula pero encestó en la **continuación**: Nieves Anula was fouled but scored on the continuation".* } See a. ACCIÓN DE TIRAR.

__CONTRA__.- (prep). **Versus.** (against). *"Chicago Sky **contra** Connecticut Sun: Chicago Sky versus Connecticut Sun".*

__CONTRAATACAR__.- (v). **To fast-break/break.**

__CONTRAATAQUE__.- (nm). **Fast break. Break. Breakaway. Counter-attack.** *"El CB Fuenlabrada metió dos canastas seguidas de/al **contraataque**: CB Fuenlabrada scored two straight fast break baskets".*

‹ **Calle/Pasillo de CONTRAATAQUE**.- Fast break lane.
‹ **Correr un CONTRAATAQUE**.- (v). To run a fast break. To run the floor.
‹ **Hacer un CONTRAATAQUE**.- (v). To fast-break. } Also CONTRAATACAR.
‹ **Iniciar el/Salir al CONTRAATAQUE**.- (v). To start a fast break.
‹ **Salida al CONTRAATAQUE**.- Break. } See APERTURA.

CONTRARIA/O.- (nm/f). (jugador/a o equipo). Opponent. *"Mi hermana juega en el equipo con-trario: My sister plays for the opponent team"*.
‹ **Estudiar al CONTRARIO**.- (v). (observar el juego del contrario). **To scout**. (to observe and study the play of an opponent).

CONTROL.- (nm). **1**- (manejo del balón). **Ball handle. Ball handling. Ball control. Control of the ball**. } Also DOMINIO. MANEJO. See a. BOTE.
2- (del balón en juego).- **Ball control. Control of the ball**. (in play).
‹ **Ganar el CONTROL del balón**.- (v). **To gain control of the ball**.
‹ **Mantener el CONTROL del balón**.- (v). **To keep control of the ball**.
‹ **Perder el CONTROL del balón**.- (v). **To lo-se control of the ball**.
3- (del partido llevando ventaja en el marcador). **Control of the game**. (leading the score). *"El CB Murcia tuvo el **control del partido** hasta la mitad del segundo tiempo: CB Murcia had control of the game midway through the second half"*.
4- (del ritmo del partido).- **Control of the pace/ tempo**. (of the game).
5- (del 'momento exacto' de ejecución de una acción). **Timing**. ('right moment' of executing an action). } Also SINCRONIZACIÓN.

CONTROLAR.- (v). **1**- (manejar el balón). **To handle the ball. To control the ball**. } Also DO-MINAR. MANEJAR.
2- (el balón en juego). **To control the ball**. (in play).
‹ **Jugar CONTROLANDO el balón**.- (v). **To play ball control**.
3- (el partido). **To control the game**.

4- (el ritmo de un partido). **To control the pace/ tempo**. (of a game).
5- (los tableros/rebotes). **To control the boards**.

CONVERTIR.- (v). (un tiro libre). **To convert. To make**. (a free throw). *"Hizo 2 intentos desde la línea de tiro libre y solo **convirtió** 1: Made 2 attempts from the free throw line and only con-verted 1"*. } Also TRANSFORMAR.

CORRER.- (v). **To run**.
‹ **CORRER un contraataque**.- To run a fast break.

CORTADOR/A.- (nm/f). (jugador/a que hace un corte). **Cutter**.

CORTAR.- (v). **1**- (hacer un corte). **To cut**.
‹ **Pasar y CORTAR/continuar**.- (v). **To give and go. To pass and cut**.
‹ **CORTAR por el fondo/por la línea de fon-do**.- (v). **To go baseline**.
2- (un pase). **To block. To intercept**. (a pass). } Also INTERCEPTAR. See a. ROBAR.

CORTE.- (nm). **1**- **Cut**.
‹ **CORTE en V**.- **V-Cut**.
‹ **CORTE rápido**.- **Flash cut**. } See a. MOVI-MIENTO.
‹ **Pase y CORTE/continuación**.- **Give-and-go**.
‹ **Hacer un CORTE**.- (v). **To cut**. *"Amagó un tiro e **hizo un corte** hacia la canasta: Faked a shot and cut into the basket"*. } Also CORTAR.
2- (de un pase). **Interception**. (of a pass). } Also INTERCEPCION. See a. ROBO.

CRONOMETRADOR/A.- (nm/f). **Timekeeper. Timer**.
‹ **Señal del CRONOMETRADOR**.- Timekeep-er's signal.

CRONOMETRAJE.- (nm). **Timing**.
‹ **CRONOMETRAJE electrónico**.- **Electronic timing**.
‹ **CRONOMETRAJE manual**.- **Manual timing**.

CRONOMETRAR.- (v). **To clock. To time**. } See a. TIEMPO.

<u>CRONÓMETRO</u>.- (nm). **Clock. Stop watch/clock.** } See a. TIEMPO.
‹ **CRONÓMETRO/reloj del partido.- Game clock.**
‹ **CRONÓMETRO del tiempo de posesión del balón.- Shooting clock. Shot clock.**
‹ **CRONÓMETRO de los 24".- 24" shot clock. 24" shooting clock.**
‹ **Encargado/Operador del CRONÓMETRO de los 24".- 24" operator.**

<u>CRUCE</u>.- (nm). (de piernas). **Cross-over. Cross-over step.** } See a. PASO. SALIDA.

<u>CUÁDRUPLE DOBLE</u>.- (nm). (diez o más en cuatro estadísticas: puntos, rebotes, asistencias, robos de balón o tapones). **Quadruple double.** (ten or more in four statistics: points, rebounds, assists, steals or blocked shots). *"Fue el único jugador que logró un **cuádruple doble** en puntos, rebotes, asistencias y tapones esta temporada: He was the only player to achieve a quadruple double in points, rebounds, assists and blocked shots this season".* } See ESTADÍSTICAS.

<u>CUARTO</u>.- (nm). a) (NBA). **Quarter.** (un partido está dividido en cuatro cuartos de doce minutos cada uno: a game is divided in four quarters of twelve minutes each). **b)** (FIBA). **Quarter.** (un partido está dividido en cuatro cuartos de diez minutos cada uno: a game is divided in four quarters of ten minutes each). } See a. TIEMPO(1).

<u>CUATRO ESQUINAS</u>.- (nf). (sistema de ataque). **Four corner offense.** (offensive system). } See a. ATAQUE(2).

<u>CUBRIR</u>.- (v). (a un contrario). **To defend. To cover. To check. To guard. To play.** (an opponent). } Also DEFENDER. MARCAR.

D

<u>DAR</u>.- (v). (el árbitro). **To award.** (the referee). } Ver CONCEDER.

<u>DEBAJO</u>.- **1-** (adv). (en el área cerca o debajo de la canasta). **Underneath.** (in the area near or under the basket). } See CAMPO.
2- (prep). (de la canasta/del aro). **Underneath.** (the basket). *"Giannis Antetokounmpo metió sus primeros diez puntos desde **debajo de** la canasta: Giannis Antetokounmpo scored his first ten points from underneath".*

<u>DECIDIR</u>.- (v). } See DECRETAR.

<u>DECISIÓN</u>.- (nf). **Call. Decision. Ruling.** *"Una **decisión** arbitral: A referee's decision/ruling".* } See a. SEÑALAR.

<u>DECRETAR</u>.- (v). (el árbitro). **To rule.** (the referee). } See a. ARBITRAR. SEÑALAR.

<u>DEFENDER</u>.- (v). **1-** (sentido general). **To defend.**
2- (a un adversario). **To defend. To guard. To play. To cover. To check.** (an opponent). } Also CUBRIR. MARCAR.
‹ **DEFENDER al hombre/en individual.- To defend/play man-to-man.**
‹ **DEFENDER dos contra uno.- To trap. To double cover. To double-team. To double up.** } See DOS CONTRA UNO.
‹ **DEFENDER en zona.- To play zone.**
‹ **DEFENDER flojo/de lejos.- To play loose.**
‹ **DEFENDER fuerte/encima/de cerca.- To play close/tight/up.** } See a. SOBREMARCAR.
‹ **DEFENDER por delante.- To front.**
‹ **DEFENDER por detrás.- To back.**
‹ **DEFENDER tres contra uno.- To triple-team.** } See a. TRES CONTRA UNO.

<u>DEFENSA</u>.- (nf). **1-** (juego defensivo). **Defense. Defence.** (UK). (defensive play).
‹ **DEFENSA del equipo.- Team defense.**
‹ **DEFENSA individual.- Individual defense.**
2- (marcaje). **Defense. Coverage. Guarding.** } Also MARCAJE. See a. DEFENDER(2).
‹ **Forzar la DEFENSA.-** (sobre un contrario). (v). **To overplay.** } Also SOBREMARCAR.

3- (sistema defensivo). **Defense.** (defensive system).

‹ **DEFENSA combinada/mixta.-** (zona y al hombre). **Combination defense.** (zone and man-to-man). } See CAJA/CAJÓN Y UNO. DIAMANTE/ROMBO Y UNO. TRIÁNGULO Y DOS.

‹ **DEFENSA de ajuste.-** (igual que el ataque de los contrarios). **Match-up defense. Spot-up defense.** (the same as the opponents' offense).

‹ **DEFENSA de flotación.-** Sagging/Collapsing defense.

‹ **DEFENSA de negación.-** Denial defense.

‹ **DEFENSA de transición.-** Transition defense.

‹ **DEFENSA en zona/zonal.-** Zone defense.

‹ **DEFENSA en zona presionante.-** Zone trap. Zone press.

‹ **DEFENSA en zona presionante 1-3-1 a medio campo.-** Scramble. (a 1-3-1 half court pressure defense).

‹ **DEFENSA individual/al hombre.-** Man-to-man defense. Man-for-man defense. Man-on-man defense.

‹ **DEFENSA individual presionante.-** Man-to-man pressure defense.

‹ **DEFENSA presionante.-** Pressure defense. Pressing defense. a) (a/en todo el campo). **Full-court press(ing). b)** (en medio campo). **Half-court press(ing).**

‹ **Leer una DEFENSA.-** (v). (reconocer el sistema defensivo del contrario). **To read a defense.** (to recognize the opponents' defensive system).

4- DEFENSA ilegal.- (violación). (NBA). **Illegal defense.**

DEFENSIVA/O.- (adj). **Defensive.**

‹ **Asignación/Tarea DEFENSIVA.-** Defensive assignment.

‹ **Balance DEFENSIVO.-** Defensive balance.

‹ **Fundamentos DEFENSIVOS.-** Defensive skills.

‹ **Jugador DEFENSIVO.-** (especialista en defensa). **Defensive player.** (a specialist on defense). } See a. DEFENSOR/A.

‹ **Rebote DEFENSIVO.-** Defensive rebound. *"Santi Aldama capturó el **rebote defensivo**: Santi Aldama captured the defensive rebound".*

‹ **Sistema DEFENSIVO.-** Defensive system. } See DEFENSA(3).

DEFENSOR/A.- (nm/f). a) (jugador/a que defiende). **Defender. Defensive player. Marker.** b) (especialista en defensa). **Defensive player.** (specialist on defense). c) (buen defensor). **Ball hawk.** (good defensive player).

‹ **Aislar a un DEFENSOR.-** (v). **To isolate.** (a defender).

‹ **DEFENSOR parado.-** (con posición defensiva establecida). **Stationary defender.** (with established position).

‹ **Deshacerse de/Escaparse de/Irse de/Superar a un DEFENSOR.-** (v). **To beat.** (a defender).

DEJADA.- (nf). } See BANDEJA.

DELANTE.- (adv). (en un partido o competición). **Ahead. Up.** (in a game or competition). } Also Por DELANTE.

‹ **Estar/Ir (por) DELANTE.-** (v). **To be up/ahead. To lead.** *"El CD Ibaeta iba **por delante** en el descanso: CD Ibaeta were ahead at half-time".*

‹ **Poner por DELANTE.-** (v). **To put up/ahead.** *"Derrick Rose **puso** a su equipo **por delante** con una jugada de tres puntos: Derrick Rose put his team up with a three-point play".*

‹ **Ponerse (por) DELANTE.-** (v). **To take the lead.**

DELANTERA.- (nf). (en el marcador). **Lead.** (on the scoreboard). } See VENTAJA.

‹ **Llevar la DELANTERA.-** (v). **To lead.**

‹ **Tomar la DELANTERA.-** (v). **To take the lead.**

DELEGADA/O.- (nf/m). (de un equipo). **Delegate.** (of a team).

DENEGAR.- (v). (el balón). **To deny.** (the ball). } Also NEGAR. See a. DEFENSA(3).

DENTRO.- **1-** (adv). a) (de la zona). **Inside. On the inside.** (the lane). } Also POR DENTRO. See a. FUERA(1). b) (en o hacia el campo de juego). **Inbounds.** (in or into the playing area). } See a. FUERA(2).

‹ **Desde/De DENTRO.-** From inside.

‹ **Meterse (por) DENTRO.-** (v). **To get inside.**

‹ **Meter/Pasar el balón DENTRO**.- (v). (dar un pase interior). **To get/pass the ball inside.** (to give an inside pass). "*No podían meter el balón dentro: They couldn't get the ball inside*". **2**- (prep). **Inside.** "*Dentro de la zona: Inside the lane*". } Also DE DENTRO. See a. FUERA(2).

DEPORTIVA/O.- (adj). **Sportsmanlike.** "*Vince Carter es un jugador deportivo: Vince Carter is a sportsmanlike player*".

DEPORTIVIDAD.- (nf). **Sportsmanship.**

DERROTA.- (nf). **Defeat. Loss.**
‹ **DERROTA aplastante**.- **Rout.** (a decisive defeat).
‹ **DERROTA por descalificación**.- (en un partido). **Forfeit.** (in a game).
‹ **Racha de DERROTAS**.- (consecutivas). **Losing streak.** (consecutive defeats).

DERROTAR.- (v). **To beat. To defeat. To outplay.** } See a. BATIR. GANAR. VENCER.
‹ **DERROTAR por poco/por escaso margen**.- **To edge.**
‹ **DERROTAR totalmente**.- (de manera decisiva). **To rout.** (to defeat decisively).

DESCALIFICACIÓN.- (nf). **1**- (por faltas). **Disqualification. Fouling out.** (by fouls). } Also ELIMINACIÓN.
  * (FIBA). (después de cometer cinco faltas: after commiting five fouls).
  * (NBA). (después de cometer seis faltas: after commiting six fouls).
2- (fuera del partido por falta descalificante). **Disqualification. Ejection.** (out of the game by a disqualifying foul). } Also ELIMINACIÓN. EXPULSIÓN.

DESCALIFICAR.- (v). **1**- (por faltas). **To foul out. To disqualify.** } ELIMINAR.
2- (por falta descalificante). **To disqualify. To eject.** (by a disqualifying foul). } Also ELIMINAR. EXPULSAR.

DESCANSO.- (nm). (de un partido). **Half-time. Intermission.** (of a game). } Also INTERMEDIO.

DESIGNACIÓN.- (nf). (con la mano el árbitro). **Hand signal.** (of the referee). } See SEÑAL.

DESIGNAR.- (v). (con la mano el árbitro). **To handsignal. To signal.** (the referee). } See SEÑAL. See a. SEÑALAR.
‹ **DESIGNAR al infractor**.- (el árbitro). **To designate offender.**

DESLIZAMIENTO.- (nm). (moviendo los pies en defensa). **Shuffle.** (movement of feet on defense).

DESMARCADA/O.- (adj). (jugador/a atacante). **Open. Uncovered. Unmarked. Free.** (offensive player). } Also LIBRE. See a. MARCAR(2).

DESMARCARSE.- (v). (un jugador). **To get free. To get open.** (a player). "*Andrés Nocioni no se podía desmarcar de su defensor: Andrés Nocioni couldn't get free from his defender*".

DESPLAZAMIENTO.- (nm). } See DESLIZAMIENTO.

DEVOLUCIÓN.- (nf). (del balón). **Return.** (of the ball).

DEVOLVER.- (v). (el balón). **To return.** (the ball).

DIAMANTE Y UNO.- (nm). (sistema defensivo). **Diamond and one.** (defensive system). } Also ROMBO Y UNO. See a. DEFENSA(3).

DIEZ O MÁS.- (nm). **Double figures. Double digits.** ("ten or more"). "*Siete jugadores metieron diez o más puntos en el partido: Seven players scored in double figures in the game*". } Also DOBLES FIGURAS. See ESTADÍSTICAS.

DIRECCIÓN DEL JUEGO.- (n). (del equipo con posesión de balón). **Direction of play.** (of the team with possession of the ball).

DIRIGIR.- (v). **1**- (un partido el árbitro). **To referee.** } Also ARBITRAR. PITAR.
2- (a un equipo en un partido el entrenador). **To coach.** (a team in a game).

<u>**DISPARAR**</u>.- (v). (a canasta). **To shoot. To fire. To throw.** (to the basket). } Also LANZAR. TIRAR.

<u>**DISPARO**</u>.- (nm). (a canasta). **Shot.** } Also LANZAMIENTO. See TIRO.

<u>**DISTANCIA**</u>.- (nf). (de tiro). **Distance. Range.** (of shooting). } See a. SHOT.
‹ **Corta DISTANCIA**.- (cerca/de cerca). **Close distance.**
‹ **Media DISTANCIA**.- **Middle-distance.**
‹ **Larga DISTANCIA**.- **Long distance.**
‹ **DISTANCIA de tres puntos**.- **Three-point distance.** } See a. TRIPLE.

<u>**DIVISIÓN**</u>.- (nf). (NBA). **Division.** *"Cada conferencia tiene tres **divisiones**. En la Este; la Atlántica, la Central y la Sureste, y en la Oeste; la Noroeste, la Suroeste y la Pacífico: Each conference has three divisions: In the Eastern; Atlantic, Central and Southeast, and in the Western; Northwest, Southwest and Pacific".*

<u>**DOBLES**</u>.- (nm). (violación). **Double-dribble.**
‹ **Hacer DOBLES**.- (v). **To double dribble.**

<u>**DOBLES FIGURAS**</u>.- (nfp). } Also DIEZ O MÁS. See ESTADÍSTICAS.

<u>**DOMINAR EL BALÓN**</u>.- (v). **To handle the ball. To control the ball.** } Also CONTROLAR. MANEJAR.

<u>**DOMINIO DEL BALÓN**</u>.- (nm). **Ball handle. Ball handling. Ball control.** *"Milos Teodosic tiene un excelente **dominio del balón**: Milos Teodosic has an excellent ball control".* } Also CONTROL. MANEJO.

<u>**DOS CONTRA UNO**</u>.- (nm). **a)** (dos compañeros defendiendo al mismo contrario). **Two-on-one. Double coverage.** (two teammates guarding the same opponent).
‹ **Hacer un/Defender DOS CONTRA UNO**.- (v). **To double team. To double cover/up.**
b) (presionando al jugador con el balón). **Trap.** (pressing the player with the ball).

‹ **Hacer un/Defender DOS CONTRA UNO**.- (v). **To trap.**

<u>**DRIBLADOR/A**</u>.- (nm/f). (jugador/a que bota el balón). **Dribbler.**

<u>**DRIBLAR**</u>.- (v). (angl). (con el balón). **To dribble.** (with the ball). } See BOTAR. REGATEAR.
‹ **DRIBLAR a**.- (un jugador). **To dribble past.** (a player). *"Alina Iagupova **dribló a** su defensora y metió una canasta: Alina Iagupova dribbled past her defender and scored a basket".*
‹ **Hacer una entrada DRIBLANDO**.- **To dribble drive.**

<u>**DRIBLE**</u>.- (nm). (angl). **Dribble. Dribbling.** } See BOTE. REGATE.

<u>**DRIBLING/DRIBBLING**</u>.- (nm). (angl). **Dribble. Dribbling.** } See BOTE. REGATE.

E

<u>**EFECTO**</u>.- (nm). (del balón). **Spin.** (of the ball).
‹ **EFECTO hacia adelante**.- (por encima del balón). **Topspin.**
‹ **EFECTO hacia atrás**.- (por debajo del balón). **Backspin. Underspin.**
‹ **EFECTO lateral/de lado**.- **Sidespin.**
‹ **Dar EFECTO**.- (v). (al balón). **To spin. To put a spin.** (on the ball).

<u>**EJECUTAR**</u>.- (v). (una jugada, un sistema, etc.). **To execute.** (a play, a system, etc.).

<u>**EJERCICIO**</u>.- (nm). **1**- (general sense). **Exercise. Practice.**
‹ **Hacer EJERCICIO físico**.- (v). **To exercise. To do (physical) exercise.**
2- (de técnica). **Drill.** *"Los estudiantes estuvieron practicando **ejercicios** de tiro al principio de la clase: The students were practising shooting drills at the start of the lesson".*

ELIMINACIÓN.- (nf). **1**- (por faltas). **Fouling out. Disqualification.** } See DESCALIFICACIÓN. **2**- (fuera del partido por falta descalificante). **Disqualification. Ejection.** (out of the game by a disqualifying foul. } See DESCALIFICACIÓN. EXPULSIÓN.

ELIMINAR.- (v). **1**- (por faltas). **To foul out. To disqualify.** *"Fue eliminado por faltas en la primera mitad: Was fouled out in the first half".* } Also DESCALIFICAR.
2- (fuera del partido por falta descalificante). **To disqualify. To eject.** (out of the game by a disqualifying foul). } Also DESCALIFICAR. EXPULSAR.

ELIMINATORIA.- (nf). **1**- (ronda en una competición). **Round. Preliminary round. Qualifying round.** (in a competition). } Also RONDA.
‹ **Competición/Torneo por ELIMINATORIAS** .- Elimination tournament. Knockout competition.
‹ **Competición por series ELIMINATORIAS** .- Play-offs. Play-off competition. Playdown.
‹ **Partido de serie ELIMINATORIA**.- Play-off game.
‹ **Puesto en las series ELIMINATORIAS**.- Play-off berth.
‹ **Serie de partidos de ELIMINATORIA**.- (entre dos equipos). **Play-off series.** (a number of games played between two teams).
* **Serie a 2 ganados de 3/al mejor de 3**.- Best-of-3 series.
* **Serie a 3 ganados de 5/al mejor de 5**.- Best-of-5 series.
* **Serie a 4 ganados de 7/al mejor de 7**.- Best-of-7 series.

EMPAREJAMIENTO.- (nm). (en defensa). **Match-up.** (on defense). } See a. MARCAJE.
‹ **EMPAREJAMIENTO desigual/desventajoso**.- **Mismatch.** (a match-up disadvantage on defense).

EMPAREJAR.- (v). (en defensa). **To match up.** (on defense). *"Pau Gasol se emparejará con su hermano Marc Gasol: Pau Gasol will match up with his brother Marc Gasol".*
‹ **EMPAREJAR desigualmente**.- To mismatch.

EMPATAR.- (v). (un partido). **To tie. To draw. To even up.** (a game). *"Remontaron el marcador y empataron el partido a falta de tres minutos: Came from behind and tied the game with three minutes left".* } Also IGUALAR.

EMPATE.- (nm). (en un partido). **Tie. Draw.** (in a game).

EMPUJAR.- (v). (falta). **To push (off).** (foul).

EMPUJÓN.- (nm). (falta). **Pushing.** (foul).

ENCARAR.- (v). (mirar hacia/a). **To face.** (look towards). *"Los bases juegan encarando la canasta: Guards play facing the basket".*

ENCARGARSE.- (v). (de un contrario en defensa). **To pick up.** (an opponent on defense). *"El Club Andorra cambió a defensa individual y cada jugador se encargó de su hombre: Club Andorra changed to individual defense and every player picked up his man".* } Also COGER.

ENCESTADOR/A.- (nm/f). (jugador/a). **Scorer. Marksman.** *"Stephen Curry es el máximo encestador esta temporada con una media de 30,1 puntos por partido: Stephen Curry is the top scorer this season with an average of 30.1 points per game".* } Also ANOTADOR/A(2).
‹ **ENCESTADOR a rachas**.- **Streak shooter.**

ENCESTAR.- (v). (una canasta). **To score.** (a basket). **To put the ball in. To make.** (a goal). **To hit.** *"Encestó ocho de ocho desde la línea de tiro libre: Scored eight for eight from the free throw line".* } Also ANOTAR. MARCAR. METER.
‹ **ENCESTAR sin tocar el aro**.- **To swish. To shoot a swisher.**
‹ **Sin ENCESTAR**.- **Scoreless.**

ENCESTE.- (nm). (tiro convertido). **Basket. Goal. Hoop.** (a converted shot). } See CANASTA(2).

ENCHUFADA/O.- (adj). (jugador/a). **Hot. On. On fire.** (a player). *"Estaba enchufada y metió tres triples seguidos: Was on and scored three straight three-pointers".* } See a. CALIENTE.

<u>**ENCUENTRO**</u>.- (nm). **Game. Match. Fixture.** (UK). } See PARTIDO.

<u>**ENTRADA**</u>.- (nf). (a canasta). **Drive. Penetration.** (to the basket). } Also PENETRACIÓN.
‹ **ENTRADA botando/driblando**.- **Dribble drive.**
‹ **ENTRADA por el fondo/la línea de fondo**.- **Base line drive.**
‹ **Finta y ENTRADA**.- **Fake and drive.**
‹ **Hacer una ENTRADA**.- (v). **To drive. To go. To penetrate.** *"Dario Saric **hizo una entrada** por la zona: Dario Saric drove in the lane".* } Also ENTRAR.
‹ **Hacer una ENTRADA botando/driblando**.- (v). **To dribble drive.**

<u>**ENTRAR**</u>.- (v). **1**- (a canasta). **To drive. To go. To penetrate.** (to the basket). *"Voy a **entrar** a canasta: I'm going to drive to the basket".* } Also PENETRAR.
2- (un tiro). **To enter. To fall in.** (a shot). *"El balón dió una vuelta al aro y **entró**: The ball bounced around the rim and fell in".*
3- (un jugador al campo). **To enter.** (the game).

<u>**ENTREGAR**</u>.- (v). (el balón). **To deliver.** (the ball). } See PASAR.

<u>**ENTRENADOR/A**</u>.- (nm/f). **Coach.** } Also PREPARADOR/A.
‹ **ENTRENADOR/ENTRENADOR principal/ Primer ENTRENADOR**.- **Head coach.**
‹ **Ayudante del ENTRENADOR/Segundo ENTRENADOR**.- **Assistant coach.**

<u>**ENTRENAMIENTO**</u>.- (nm). **1**- (general). **Practice. Training. Workout.**
‹ **Plan de ENTRENAMIENTO**.- **Training plan. Training scheme.**
‹ **Campo de ENTRENAMIENTO**.- **a)** (en verano). **Training camp.** (in summer). **b)** (concentración de un equipo en la pretemporada). **Training camp.** (of a team during the preseason).
2- (periodo/sesión de entrenamiento). **Workout. Practice.** (period of practicing). *"Hicieron un **entrenamiento** intenso: Had an intense workout".*
3- (preparación física). **Physical training.**

<u>**ENTRENAR**</u>.- (v). **1**- (un jugador). **a)** (general) **To practice. To practise.** (UK). **To work out. To train.** *"Un equipo profesional **entrena** cuatro días a la semana: A professional team practices/ trains four days a week".* } Also ENTRENARSE. PRACTICAR. PREPARARSE. **b)** (hacer ejercicio físico). **To exercise.**
2- (a un equipo). **To coach. To train.** (a team). *"Pablo Laso lleva **entrenando** al Real Madrid desde hace más de nueve años: Pablo Laso has been coaching Real Madrid for over nine years".* } Also PREPARAR. See a. DIRIGIR.

<u>**EQUILIBRIO**</u>.- (nm). **Balance.** } See BALANCE.

<u>**EQUIPO**</u>.- (nm). **Team.**
‹ **EQUIPO contrario**.- **Opponent team.**
‹ **EQUIPO inicial/titular**.- **Starting team.**
‹ **EQUIPO ganador**.- **Winning team.**
‹ **EQUIPO local/de casa**.- **Home team.**
‹ **EQUIPO/Selección nacional**.- **National team.**
‹ **EQUIPO perdedor**.- **Losing team.**
‹ **EQUIPO reserva/Segundo EQUIPO**.- **Reserve team. Second team.**
‹ **EQUIPO visitante**.- **Visiting team.**
‹ **Compañera/o de EQUIPO**.- **Teammate.**
‹ **Delegada/o de un EQUIPO**.- **Team delegate.**
‹ **Falta de EQUIPO**.- **Team foul.**
‹ **Seguidor/a de un EQUIPO**.- **Team-follower.**
‹ **Trabajo de/en EQUIPO**.- **Teamwork.**

<u>**EQUIPO/EQUIPAMIENTO TÉCNICO**</u>.- (nm). **Technical equipment.**
* **Acta del partido**.- **Scoresheet.**
* **Aparato/Marcador de los 24"**.- **24"device.**
* **Marcador**.- **Scoreboard.**
* **Marcadores de faltas**.- (tablillas de número de faltas). **Foul markers.**
* **Reloj/Cronómetro del partido**.- **Game clock.**

<u>**ESCAPARSE**</u>.- (v). (de un defensor). **To beat.** (a defender). } Also DESMARCARSE. See IRSE(2).

<u>**ESCOLTA**</u>.- (nm). (jugador/a). **Guard. Second guard. Off guard.**
‹ **ESCOLTA tirador**.- **Shooting guard.**
‹ **Base y ESCOLTA**.- **Backcourt. Backcourtmen.** (the guards).

ESQUINA.- (nf). (del campo). **Corner. Wing.** (of the court). } Also ALA(2).

ESTADÍSTICAS.- (nfp). **Records. Statistics.**
‹ **ESTADÍSTICAS comunes**.- **Common statistics.**
  * **Puntos marcados: Points scored.**
  * **Rebotes: Rebounds.**
  * **Asistencias: Assists.**
  * **Tapones: Blocked shots.**
  * **Balones recuperados: Steals.**
  * **Balones perdidos: Turnovers.**
‹ **Diez o más en una ESTADÍSTICA**.- (puntos, rebotes, asistencias, robos de balón o tapones). **Double figures. Double digits.** (ten or more in points, rebounds, assists, steals or blocked shots). *"Ha encestado **diez o más** puntos en los últimos veinte partidos: Has scored in double figures in the last twenty games".*
‹ **Diez o más en dos ESTADÍSTICAS**.- **Double-doubles.**
‹ **Diez o más en tres ESTADÍSTICAS**.- **Triple double.** } See TRIPLE DOBLE.
‹ **Diez o más en cuatro ESTADÍSTICAS**.- **Quadruple double.** } See CUÁDRUPLE DOBLE.
‹ **Resumen de ESTADÍSTICAS**.- (de un partido). **Box score.** (summary of a game).

ESTATURA.- (nf). (de un jugador). **Height.** } See ALTURA.

EXPULSAR.- (v). (fuera del partido por falta descalificante). **To disqualify. To eject.** (out of the game by a disqualifying foul). *"Comenzaron una pelea y **fueron expulsados**: They started a fight and were ejected".* } Also DISQUALIFY.

EXPULSIÓN.- (nf). (fuera del juego por falta descalificante). **Disqualification. Ejection.** (out of the game by disqualifying foul). } Also DESCALIFICACIÓN.

EXTERIOR.- **1**- (nm). **a)** (área lejos de la zona). **Outside.** (area away from the lane). } Also PERÍMETRO. See a. INTERIOR. **b)** (el área de juego de los bases en ataque). **Backcourt.** (the guards' playing area on offense). } Also PERÍMETRO. See a. INTERIOR.

‹ **Por el EXTERIOR**.- (de la zona). **Outside. On the outside.** (of the lane).
2- (adj). **Outside.** } See a. INTERIOR.
‹ **Ataque EXTERIOR**.- **Outside attack/offense.**
‹ **Juego EXTERIOR**.- **Outside game.**
‹ **Jugada EXTERIOR**.- **Outside play.**
‹ **Jugador EXTERIOR**.- **Backcourtman. Outside player.**
‹ **Pase EXTERIOR**.- **Outside pass.**
‹ **Posición EXTERIOR**.- **Outside position.**
‹ **Tiro EXTERIOR**.- **Outside shot.**

F

FALLAR.- (v). (un tiro). **To miss.** (a shot). *"No falló ni un tiro: He/She didn't miss a shot".*

FALTA.- (nf). **Foul. 1**- (infracción de las reglas en la que existe contacto personal con un contrario). **Personal foul.** (infraction of the rules that involves personal contact with an opponent). } See a. AGARRAR. BLOQUEAR. CARGAR. CODAZO. EMPUJAR. GOLPEAR. MANO. ZANCADILLEAR.
2- (infracción de las reglas en la que existe conducta antideportiva). **Technical foul.** (infraction of the rules that involves unsportsmanlike conduct). } See a. PENALIZACIÓN. VIOLACIÓN.
‹ **FALTA a/contra/de**.- **Foul on.** *"El árbitro señaló falta **contra** el jugador atacante: The referee called a foul on the attacking player".*
‹ **FALTA de equipo**.- (faltas anotadas a un equipo). **Team foul.** (fouls charged to a team).
  * **FALTA alejada/lejos/fuera del juego**.- (a un atacante que no está en la acción del juego). **Away-From-The-Play foul.** (against an offensive player who is not part of the action).
  * **FALTA al luchar por un balón suelto**.- **Loose ball foul.**
  * **FALTA del jugador/equipo con control del balón**.- **Player-control foul.**
  * **FALTA descalificante**.- **Disqualifying foul.**
  * **FALTA de tiro**.- **Shooting foul.**

* **FALTA de dos tiros**.- Two-shot foul.

* **FALTA doble**.- (simultáneamente entre dos jugadores contrarios). **Double foul**. (simultaneously by opponents against each other).

* **FALTA en ataque**.- **Offensive foul. Charging**. } See a. CARGA.

* **FALTA en el medio campo defensivo**.- (a un jugador atacante). **Backcourt foul**. (against an offensive player in his own backcourt).

* **FALTA en la acción de tirar/tiro**.- **Foul in the act of shooting**. } See a. ACT OF SHOOTING.

* **FALTA intencionada**.- **Intentional foul. Deliberate foul**.

* **FALTA flagrante/violenta**.- (una falta innecesaria y/o excesiva). **Flagrant foul**. (an unnecessary and/or excessive foul).

* **FALTA múltiple**.- (simultáneamente de dos o más compañeros al mismo contrario). **Multiple foul**. (simultaneously by two or more teammates against the same opponent).

‹ **FALTA técnica**.- **Technical foul**. } Also TÉCNICA. See a. CONDUCTA ANTIDEPORTIVA. LENGUAJE SOEZ.

‹ **Cinco FALTAS**.- (FIBA). (de un jugador). **Five fouls**. (of a player).

‹ **Seis FALTAS**.- (NBA). (de un jugador). **Six fouls**. (of a player).

‹ **Marcadores de FALTAS**.- **Foul markers**.

‹ **Marcador de FALTAS de (un) equipo**.- **Team fouls marker**.

‹ **Por encima del límite de FALTAS/Situación de Bonus**.- (permitidas a un equipo). **Over the limit. Team foul penalty. Bonus situation**. (exceeding the allowed team fouls). *"El Zalgiris Kaunas estaba por encima del límite de faltas después de tres minutos de juego: Zalgiris Kaunas were over the limit after just three minutes of play"*.

‹ **Anotar/Apuntar/Registrar una FALTA**.- (v). (en el acta). **To register. To record**. (a foul on the scoresheet).

‹ **Apuntarse/Cargarse con una FALTA**.- (v). **To pick up a foul. To take a foul**. *"Mike James se cargó con tres faltas personales en los primeros diez minutos: Mike James picked up three personal fouls in the first ten minutes"*.

‹ **Cometer/Hacer una FALTA**.- (v). **To foul. To commit a foul**.

‹ **Descalificar/Eliminar por FALTAS**.- (v). **To foul out**. } Also DISQUALIFY.

‹ **Estar cargado de FALTAS**.- (v). (un jugador o equipo). **To be with foul problem/trouble**. (a player or a team).

‹ **Provocar/Sacar una FALTA**.- (v). **To draw a foul**.

‹ **Señalar/Pitar una FALTA**.- (v). (el árbitro). **To call (for) a foul**. (the referee). } See CALL.

FICHA.- (nf). (de un jugador). **License**. (a player's).

FICHAR.- (v). (un jugador por/en un equipo). **To sign up. To sign on**. (a player for/with a team).

FINTA.- (nf). **Fake. Feint. Move**. } See a. BOTE. PASO.

‹ **FINTA con el balón**.- **Ball fake**.

‹ **FINTA con la cabeza**.- **Head fake**.

‹ **FINTA de paso atrás**.- **Step back**.

‹ **FINTA de paso cruzado/de salida cruzada**.- **Cross-over step. Fake cross-over**.

‹ **FINTA de recepción**.- **Reception fake**.

‹ **FINTA de salida para tirar**.- (con un paso adelante y atrás). **Jab step. Rocker step**.

‹ **FINTA de tiro**.- a) **Fake shot**. b) (con el brazo). **Pump fake**. (arm fake).

* **Doble FINTA de tiro**.- **Double pump**.

‹ **FINTA de tiro y entrada**.- **Fake and drive**.

‹ **FINTA rápida**.- a) (movimiento rápido de anticipación en defensa). **Flash**. b) (en ataque). **Flash cut**. (on offense). } See a. CORTE.

‹ **FINTA y entrada/penetración**.- **Fake and drive**.

‹ **FINTA y puerta atrás**.- **Fake and backdoor**.

‹ **Hacer una FINTA**.- (v). **To feint. To fake (out)**. *"Jerry West hizo una finta para liberarse de su defensor y logró el espacio que necesitaba para tirar: Jerry West made a feint to get free from his defender and got the room he needed to shoot"*. } Also AMAGAR. FINTAR.

FINTAR.- (v). **To feint. To fake (out)**.

‹ **FINTAR un tiro**.- **To pump**. (to fake a shot).

FLOTAR.- (v). (en defensa). **To sag (off). To collapse**. (on defense).

FONDO.- (nm). (área cerca de la línea de fondo). **Baseline**. (area near the base line). *"Entró a canasta por el **fondo** (por la línea de fondo): Drove to the basket along the baseline"*.
‹ **Entrada por el FONDO/la línea de FONDO.- Baseline drive.**
‹ **Cortar por el FONDO/la línea de FONDO.-** (v). **To go baseline.**
‹ **Jugada por el FONDO/la línea de FONDO.-** (a play on the baseline). **Baseline play.**
‹ **Línea de FONDO.- Base line. End line.**

FORMACIÓN.- (nf). **1**- (posición de los jugadores en el campo). **Alignment**. (position of the players on the court). *"**Formación** defensiva: Defensive alignment"*.
2- (jugadores de un equipo en el campo). **Line-up**. (players of a team on the court). } Also ALINEACIÓN.

FORZAR.- (v). **1**- (la defensa). **To overplay**. } Also SOBREMARCAR.
2- (un tiro/pase). **To force**. (a shot/pass).

FRANQUICIA.- (nf). (NBA). **Franchise**. } See EQUIPO.
‹ **Jugador FRANQUICIA.-** (alrededor de quien se construye un equipo). **Franchise player**. (around whom a team is built). *"Isaiah Thomas es el **jugador franquicia** de los Detroit Pistons: Isaiah Thomas is the Detroit Pistons' franchise player"*.

FRÍA/O.- (adj). (jugador/a). **Cold**. } See MANO.

FUERA.- **1**- (adv). **a)** (de la zona). **Outside. On the outside**. (of the lane). *"Jo Morant marcó una jugada por **fuera**: Jo Morant called for an outside play"*. } See a. DENTRO(1).
‹ **De/Desde FUERA.- From outside.**
‹ **FUERA de banda/del campo.-** (de las líneas del campo). **Out of bounds. Out**. (outside the boundary lines). *"El balón salió **fuera de banda**: The ball went out of bounds"*.
b) (jugar un partido). **Away. On the road**. (to play a game). *"Juegan **fuera**: They play away"*.
2- (prep). **Outside. Out of**. *"Ella está **fuera de** la zona: She is outside the lane"*. } See a. DENTRO(2).

FUNDAMENTOS.- (nmp). (base técnica de un jugador). **Fundamentals**. (basic skills of a player). } Also TÉCNICA.
‹ **FUNDAMENTOS defensivos.- Defensive skills.**
‹ **FUNDAMENTOS ofensivos/de ataque.- Offensive skills.**

G

GANAR.- (v). **To win. To beat. To defeat. To outplay**. } Also BATIR. DERROTAR. VENCER.
‹ **Ir GANANDO.- To lead. To be ahead/up.**
‹ **GANAR matemáticamente/por anticipado.- To clinch**. *"Los Golden State Warriors **ganaron matemáticamente** el título a falta de tres partidos para el final de la temporada: Golden State Warriors clinched the title with three games remaining for the end of the season"*. } See a. VICTORIA.

GANCHO.- (nm). (tiro). **Hook. Hook shot.**
‹ **GANCHO con parábola alta.-** ("Gancho del cielo"). **Sky-hook.**
‹ **Medio GANCHO/SemiGANCHO.-** Half hook.
‹ **Pase de GANCHO.-** Hook pass.
‹ **Tirar de/un GANCHO.-** (v). **To hook.**

GIMNASIO.- (nm). **Gym. Gymnasium.**

GIRAR.- (v). (el cuerpo). **To spin. To turn**. (the body).
‹ **GIRAR de espaldas.- To roll.**

GIRO.- (nm). (del cuerpo). **Spin. Turn**. (of the body).
‹ **GIRO inverso/de espaldas.- Roll.** } See BLOQUEO.

GOLPEAR.- (v). **1**- (a un jugador). (falta). **a)** (con la mano). **To hack. To hand check**. } See FALTA.
b) (con el codo). **Elbowing. Elbow shove**. } Also CODAZO. **c)** (con el pie). **Kicking.**

2- (el balón). (violación). **a)** (con el pie/la pierna). **Kick(ing). Foot.** } Also PIE. **b)** (con el puño). **To fist.** (to punch the ball).

H

HOMBRE.- (nm). (jugador). **Man.** (player). } See JUGADOR/A.
‹ **HOMBRE alto.**- Big man. Tower. } See PÍVOT. POSTE.
‹ **HOMBRE al que se defiende**.- Man. (the opponent one is defending). *"Tienes que defender/ marcar a tu hombre de cerca: You have to defend your man close/tight/up".* } Also PAR.
‹ **Defensa al HOMBRE**.- Man-to-man defense. **Man-on-man. Man-for-man defense.** } See DEFENSE(3).

HOMBRE AL HOMBRE.- (nm). (sistema defensivo). **Man-to-man. Man-on-man. Man-for-man.** (defensive system). } Also INDIVIDUAL. See DEFENSA(3).

HUNDIMIENTO.- (nm). } See MATE.

HUNDIR EL BALÓN.- (v). (en la canasta). **To dunk. To stuff.** (to drop the ball through the basket). } See MATE.

I

IGUAL(ES).- (adj). (en el marcador). **Even. Tied.** (on the scoreboard). *"Vamos iguales: We are even".*

IGUALAR.- (v). (the score). **To even up.** (el marcador). *"El triple de Pedrag Stojakovic igualó el partido: Pedrag Stojakovic's 3-pointer evened up the game".* } Also EMPATAR.

INCOMPARECENCIA.- (nf). (de un equipo). **Default.** (of a team). *"Ganaron el partido por incomparecencia: Won the game by default".*
‹ **Perder por INCOMPARECENCIA**.- (v). **To default.**

INDICAR.- (v). (el árbitro). **To signal. To call.** (the referee). } See SEÑALAR.

INDIVIDUAL.- (adj). } See HOMBRE AL HOMBRE.

INFRACCIÓN.- (nf). (de las reglas). **Infraction.** (of the rules). } See FALTA. VIOLACIÓN.

INFRACTOR/A.- (nm/f). (jugador/a que comete una falta o violación). **Offender.** } See a. DESIGNAR.

INTENTAR.- (v). (tirar). **To attempt. To try.** *"Blanca Ares intentó un triple: Blanca Ares tried a three-pointer".* } See a. LANZAR. TIRAR.

INTENTO.- (nm). (tiro). **Attempt. Try.** } See a. LANZAMIENTO. TIRO.
‹ **Hacer un INTENTO**.- (v). **To make an attempt. To attempt.** (a basket). *"Hizo un intento de dos puntos: Made a 2-point attempt".*

INTERCEPCIÓN.- (nf). (de un pase). **Interception.** (of a pass). } Also CORTE. See a. ROBO.

INTERCEPTAR.- (v). **1-** (un pase). **To intercept. To block.** (a pass). } Also CORTAR. See a. ROBAR.
2- (un tiro). **a) To block. To intercept. To reject.** (a shot). } See TAPÓN. **b)** (un tiro en trayectoria descendente/cayendo el balón). (violación). **To block.** (a shot when goaltending). } See a. INTERPONERSE.

INTERIOR.- **1-** (nm). **a)** (la zona de tiro libre). **Inside.** (free throw area). } See a. EXTERIOR.
b) (área de juego de aleros y pívots). **Frontcourt.** (forwards' and pivots' playing area on offense). } See a. EXTERIOR.
2- (adj). **Inside.** } See a. EXTERIOR.
‹ **Ataque INTERIOR**.- Inside attack/offense.
‹ **Juego INTERIOR**.- Inside game.

‹ Jugada INTERIOR.- Inside play.
‹ Jugador INTERIOR.- Inside player.
‹ Pase INTERIOR.- Inside pass.
‹ Posición INTERIOR.- Inside position.
‹ Tiro INTERIOR.- (desde dentro de la zona). Inside shot.

INTERMEDIO.- (nm). (de un partido). **Half-time. Intermission.** (of a game). } Also DESCANSO.

INTERPONERSE.- (v). (violación). **a)** (al balón: impedir la caída). **To interfere.** (with the ball). } See a. TRAYECTORIA. **b)** (a la canasta: tocar la red o el aro). **To interfere.** (with the basket).

INTIMIDACIÓN.- (nf). **Intimidation.**

INTIMIDAR.- (v). (en defensa). **To intimidate.** (on defense).

IRSE.- (v). **1**- (ganando en el marcador). **To lead. To take the lead.** "*Se fueron de diez puntos al final del primer cuarto: They led by ten points at the end of the first quarter*".
2- (de un defensor). **To beat.** (a defender). **To get open/free.** } Also DESMARCARSE.

J

JUEGO.- (nm). **1**- (la acción de un partido). **Play. Playing.** (the action of a game).
‹ **Balón en JUEGO**.- Ball in play.
* **Poner el balón en JUEGO**.- (v). **To put the ball in play.**
‹ **Comienzo del JUEGO**.- Start of play. } See a. SALTO INICIAL.
‹ **Detención del JUEGO**.- Stoppage of play.
‹ **Dirección del JUEGO**.- (por el árbitro). **Refereeing.** } See ARBITRAR.
‹ **Fase de JUEGO**.- Phase of play.
‹ **Reanudación del JUEGO**.- **a) Restart. Resumption.** (of play). **b)** (después de un tiempo muerto). **Time-in.** (after a timeout).

* **Reanudar el JUEGO**.- (v). **To restart. To resume.** (the play).
‹ **Suspensión del JUEGO**.- Suspension of play.
‹ **Terreno de JUEGO**.- Field of play. } See CAMPO.
‹ **Tiempo de JUEGO**.- Time of play.
* **Acabar/Terminar el tiempo de JUEGO**.- **To expire/finish the time of play.**
2- (estilo de juego). **Game. Play.** (style of playing).
‹ **JUEGO continuo**.- (sistema de ataque). **Continuity play.** (offensive system).
‹ **JUEGO de ataque/ofensivo**.- **Offensive play.** } See a. ATAQUE(2).
‹ **JUEGO defensivo**.- **Defensive play.** } See a. DEFENSE(3).
‹ **JUEGO de pases**.- (ataque en movimiento). **Passing game.** (motion offense).
‹ **JUEGO de transición**.- **Transition game.**
‹ **JUEGO en equipo**.- **Team game.**
‹ **JUEGO exterior/por fuera/de perímetro**.- **Outside game. Perimeter game.**
‹ **JUEGO interior/por dentro**.- **Inside game.**
‹ **JUEGO libre**.- (ataque sin sistema establecido). **Freewheeling offense/attack.** } Also ATAQUE LIBRE.
‹ **JUEGO rápido al contraataque**.- (correr y tirar). **Run and gun. Running game.**
‹ **JUEGO total**.- **Total game.** "*Tiene un **juego total**, domina todos los aspectos del juego: Has a total game, dominates all aspects of the game*".
‹ **Coordinación del JUEGO en equipo**.- (sincronización de pases y movimientos). **Timing.** (synchronization of passes and movements).
‹ **Dirección del JUEGO**.- (a cargo de un jugador). **Playmaking.**
‹ **Director/a del JUEGO**.- **Playmaker. Pointguard. Set-up man/player.** } See BASE.
‹ **Planteamiento del JUEGO/partido**.- (por el entrenador). **Game plan.** (by the coach).
‹ **Visión de JUEGO**.- **Court sense. Floor sense.**
* **Ver el JUEGO/Tener visión de JUEGO**.- (v). **To see the court.**
3- **JUEGO de piernas/pies**.- **Footwork.**

JUGADA.- (nf). **1**- (una acción particular en un partido). **Play. Playing. Move.** (a particular action in a game). "*Una **jugada** bonita/buena: A nice/great play*".

‹ **Hacer una JUGADA.**- (v). **To make a move/ play. To play.**

‹ **JUGADA de cuatro puntos.**- (un triple y un tiro libre). **Four-point play.** (a 3-point shot and a free throw).

‹ **JUGADA de puerta atrás.**- **Backdoor play.**

‹ **JUGADA de tres puntos.**- (una canasta de dos puntos y un tiro libre). **Three-point play.** (a two-point basket and a free throw). *"Nikola Mirotic puso a su equipo por delante con una **jugada de tres puntos**: Nikola Mirotic put his team ahead with a three-point play".*

‹ **JUGADA exterior/por fuera de la zona.**- **Outside play.**

‹ **JUGADA interior/por dentro de la zona.**- **Inside play.**

‹ **JUGADA por la línea de fondo.**- **Baseline play.**

2- (una acción planeada en un partido). **Set play. Play.** (a planned action in a game).

‹ **JUGADA de saque de banda.**- **Inbounds play.**

‹ **Jugador que marca/señala una JUGADA.**- (en ataque). **Set-up player.** } See BASE.

‹ **Marcar/Señalar una JUGADA.**- (v). **To call for a set play.**

‹ **Preparar/Elaborar una JUGADA.**- (v). **To set up a play/set play.**

JUGADOR/A.- (nm/f). **1**- (general). **Player.** *"Fernando Martín era un gran **jugador** de baloncesto: Fernando Martín was a great basketball player/basketballer".* } See a. HOMBRE.

‹ **Ficha de un JUGADOR.**- **Player's license.**

‹ **Número de un JUGADOR.**- **Player's number.**

‹ **JUGADOR (muy) alto.**- **Big man. Tower.** } See PÍVOT. POSTE.

‹ **JUGADOR completo/comodín.**- **All-round player.**

‹ **JUGADOR debutante/novato.**- (NBA). **Rookie.** (a first-year player).

‹ **JUGADOR de primer año/debutante.**- (NCAA). **Freshman.**

‹ **JUGADOR de segundo curso/año.**- (NCAA/NBA). **Sophomore.**

‹ **JUGADOR de tercer curso/año.**- (NCAA). **Junior.**

‹ **JUGADOR de cuarto curso/año.**- (NCAA). (último año). **Senior.** (last year).

‹ **JUGADOR libre.**- (NBA). (sin contrato por un equipo después de competir en la NBA durante 5 años y haber tenido más de un contrato de jugador). **Free agent.** (a player who has no contract with a team after compiting 5 years in the NBA and more than one player contract).

‹ **JUGADOR libre sin restricciones.**- (NBA). (puede fichar por cualquier equipo). **Unrestricted free agent.** (can sign with any team).

‹ **JUGADOR libre restringido.**- (NBA). (puede fichar por cualquier equipo, pero su último equipo tiene el derecho de igualar la oferta y retener al jugador). **Restricted free agent.** (can sign for any team, but their former team have the right of matching the offer and retain the player).

2- (en un partido). (in a game).

‹ **JUGADOR ambivalente.**- (puede jugar en dos posiciones). **Swingman.** (can play in two different positions). } See a. POSICIÓN(1).

‹ **JUGADOR atacante/que ataca.**- **Attacking player. Offensive player.** } Also ATACANTE.

‹ **JUGADOR con control/posesión del balón.**- **Ball handler. Ball control player. Player with the ball.** (player with possession of the ball).

‹ **JUGADOR defensivo/que defiende.**- **Defending/Defensive player.** } Also DEFENSOR/A.

‹ **JUGADOR en punta.**- (el más adelantado en una defensa en zona). **Chaser.** (the front player in a zone defense).

‹ **JUGADORES exteriores/de fuera/de perímetro.**- **Guards. Outside players. Backcourt. Backcourtmen.** } Ver BASE. ESCOLTA.

‹ **JUGADORES interiores/de dentro.**- **Front line. Frontcourt. Frontcourtmen. Inside players.** } Ver ALERO. PÍVOT.

‹ **Mejor JUGADOR.**- (en un partido/competición). **Most Valuable Player. MVP.** (in a game or competition).

‹ **Sexto JUGADOR.**- (NBA). **Sixth man.**

‹ **Vestimenta/Uniforme/Equipación de un JUGADOR.**- **Uniform. Clothing.** (of a player).

* **Camiseta.**- **Jersey. Shirt. Vest.**

* **Chándal.**- **Warm-up suit. Sweatsuit.**

* **Muñequera.**- **Wristband.**

* **Pantalones cortos.**- **Shorts.**

* **Rodillera.**- **Knee-pad.**

* **Zapatillas/Botas de baloncesto.**- **Sneakers. Basketball boots/shoes.**

JUGAR.- (v). **1**- (general). **To play**. *"A mí me gusta jugar de base: I like to play point-guard".*
‹ **JUGAR en casa/campo propio**.- **To play at home**.
‹ **JUGAR fuera de casa/en campo ajeno**.- **To play away. To play on the road**.
‹ **Negativa a JUGAR**.- (un equipo). **Refusal to play**. (a team).
‹ **Ventaja de JUGAR en casa**.- (derecho a jugar más partidos en casa). **Home-court advantage**.
2- (táctica/estilo de juego). **To play**. (tactics/style of play). } See JUEGO(2). See a. ATAQUE (2). DEFENSA(3).
‹ **JUGAR controlando el balón**.- **To play the ball. To play ball control**.
‹ **JUGAR mejor que**.- (superar en juego al contrario). **To outplay**. (to play a better game than the opponents). } See a. SUPERAR.
‹ **JUGAR uno contra uno**.- **To play one-on-one**.
‹ **JUGÁRSELA a un tiro**.- (en los últimos segundos). **To play for one**. (in the last seconds). *"Dejaron correr el reloj para que Larry Bird se la jugase a un tiro: Ran off the clock for Larry Bird to play for one".*
3- (hacer una jugada). **To make a move/play. To play**. } See JUGADA.

JUNIOR.- (nm/f). a) (FIBA). **Junior**. b) (NCAA). **Jugador de tercer curso/año**. } See a. JUGADOR/A.

L

LADO.- (nm). (en ataque). **Side**. (on attack).
‹ **LADO débil/de ayuda**.- **Weak/Help side**.
‹ **LADO fuerte/de balón**.- **Strong/Ball side**.

LANZADOR/A.- (nm/f). (jugador/a que lanza un tiro). **Thrower. Shooter**. } See TIRADOR/A.
‹ **LANZADOR de un tiro libre**.- **Free thrower**.

LANZAMIENTO.- (nm). **Attempt. Shot. Throw**. } See TIRO.

LANZAR.- (v). **1**- (un tiro a canasta). **To attempt. To shoot. To throw (up). To put the ball up. To put up/take a shot**. } Also TIRAR.
2- (el balón al aire el árbitro). **To toss**. (the ball up the referee). } See a. SALTO ENTRE DOS.

LATERAL.- (nm). } See BANDA.

LENGUAJE SOEZ.- (nm). (falta técnica). **Offensive language**. (technical foul).

LESIÓN.- (nf). **Injury**.
‹ **Tiempo muerto por LESIÓN**.- **Injury time-out**.

LESIONAR.- (v). **To injure**.

LESIONARSE.- (v). **To injure oneself. To get injured. To injure**.

LEVANTAR LA MANO.- (v). (un jugador cuando se le señala una falta). **To raise the hand**. (a player when called a foul on).

LIBRE.- (adj). (un jugador). **Free. Uncovered. Unmarked. Open**. (a player). } Also DESMARCADA/O. See a. MARCAR(2).

LÍDER.- (nm/f). (angl). (primera/o). **Leader**. (first). *"Sancho Lyttle es la líder en rebotes: Sancho Lyttle is the rebounds leader".*

LIDERATO.- (nm). (angl). (en la clasificación). **Lead**. (in the standings). } See POSICIÓN(4).

LIGA.- (nf). (competición). **League**.
‹ **Temporada de LIGA/LIGA regular**.- (NBA). **Regular season**. } See a. ELIMINATORIA.

LÍNEA.- (nf). (general). **Line**. } Also RAYA.
‹ **LÍNEA central/de medio campo/divisoria**.- **Center line. Division line. Midcourt line**.
‹ **LÍNEA de banda/lateral**.- **Side line**.
‹ **LÍNEA de fondo**.- **Base line. End line**. } See a. FONDO.

‹ **LÍNEA de los 8".**- (la línea central cuando se aplica la regla de los 8"). **8" line. Time line.** (the center line when applied the 8" backcourt rule).
‹ **LÍNEA de tiro libre.**- **Free throw line. Foul line. "The line".** } See a. TIRO LIBRE.
‹ **LÍNEA de tres puntos.**- **Three-point line/circle. Arc.**
‹ **LÍNEA discontínua.**- (del círculo de tiro libre). **Broken line.** (of the free throw circle).
‹ **LÍNEAS de demarcación/limítrofes.**- (del campo). **Boundary lines. Boundaries.** (of the court).
‹ **Pisar una LÍNEA.**- (v). **To step on/over a line.**

LUCHA.- (nf). } See BALÓN RETENIDO. SALTO ENTRE DOS.

M

MACHACAR.- (v). (una canasta). **To slam dunk.** } See MATE.

MANEJAR EL BALÓN.- (v). **To handle/control.** (the ball).} Also CONTROLAR. DOMINAR.
‹ **Jugador que MANEJA bien EL BALÓN.**- **Ball handler.** (player with good ball handling).

MANEJO DE BALÓN.- (nm). **Ball handling. Ball handle. Ball control.** } Also CONTROL. DOMINIO.

MANO.- (nf). **1**- (manejando el balón). **Hand.** (handling the ball).
‹ **MANO débil.**- **Weak hand. Off-hand.**
‹ **MANO fuerte/buena.**- **Strong hand.**
‹ **Usar/Dominar las dos MANOS/ámbas MANOS.**- (v). (al tirar o botar). **To go both ways.** (to use both hands when shooting or dribbling).
2- (tirando). (when shooting).
‹ **MANO caliente.**- **Hot hand.**
* **Tener la MANO caliente.**- (v). (encestar todo). **To have a hot hand.** (scoring everything).
‹ **MANO fría.**- **Cold hand.**

‹ **Tener la MANO fría.**- (v). (no encestar). **To have a cold hand.** (not scoring).
3- **Uso ilegal de las MANOS.**- (falta). **Illegal use of hands.** (foul).
‹ **Golpe con la MANO.**- **Hacking.**
‹ **Golpear/Dar un golpe con la MANO.**- (v). **To hack. To hand check.** } See a. GOLPEAR.
4- **Contacto con la MANO.**- (al contrario al que se defiende). **Hand-checking. Hand-check.** (the opponent one is defending).
‹ **Hacer contacto/Tocar con la MANO.**- (v). **To check. To hand-ckeck.**

MARCA.- (nf). } See PLUSMARCA.

MARCADOR.- (nm). **1**- (equipamiento técnico). **Scoreboard.** (technical equipment). "*Se ha roto el marcador electrónico: The electronic scoreboard has broken*".
2- (puntos marcados por los equipos). **Scoring. Score.** (points scored by the teams). "*¿Cuál es el marcador?: What's the score?*". } Also TANTEO.
‹ **MARCADOR final.**- **Final score. Outcome. Result.** } Also RESULTADO.
‹ **MARCADOR por descalificación.**- (el marcador actual si el equipo descalificado va por detrás, en caso contrario 2-0). **Forfeit score.** (the actual score if the forfeiting team is behind, otherwise 2-0).
‹ **Llevar el MARCADOR.**- (v). **To keep score.**
‹ **Superar en el MARCADOR.**- (v). (meter más puntos que el equipo contrario). **To outscore.** (to score more points than the opponent team).
3- **MARCADOR/A.**- (nm/f). (jugador/a que defiende). **Defender. Marker.** (player). } Also DEFENSOR/A.

MARCAJE.- (nm). (en defensa). **Coverage. Defense. Guarding.** } See DEFENSA(2).
‹ **MARCAJE dos contra uno.**- **Trap. Two-on-one. Double coverage.** } See a. DOS CONTRA UNO.
‹ **MARCAJE individual.**- **Match-up.** } See EMPAREJAMIENTO.
‹ **Superar el MARCAJE de.**- (v). (un defensor). **To beat.** (a defender). "*Arvydas Macijauskas superó el marcaje de su par con una finta: Arvydas Macijauskas beat his man with a fake*".

MARCAR.- (v). **1**- (una canasta). **To score.** (a basket). **To make.** (a goal). } See ENCESTAR.
2- (a un contrario). **To check. To cover. To defend. To guard. To play.** (an opponent). } Also CUBRIR. DEFENDER.
‹ **Sin MARCAR**.- (un jugador). **Open. Uncovered. Unmarked. Free.** (a player). } Also DESMARCADA/O. LIBRE. See a. DESMARCARSE.
3- (una jugada de ataque).- **To call for a set play.** } Also SEÑALAR.

MATE.- (nm). **a)** (hundiendo el balón hacia abajo). **Dunk. Dunk shot. Stuff.** (dropping the ball down the basket). **b)** (con fuerza). **Slam dunk. Jam.**
‹ **MATE de espaldas/hacia atrás**.- **Reverse dunk.**
‹ **MATE (a pase bombeado cerca del aro)**.- **Alley-oop shot.** (catching a lob pass near the basket). } Also ALIUP.
‹ **Concurso de MATES**.- **Slam dunk contest.** *"Zack LaVine ha ganado dos concursos de mates: Zack LaVine is a two-time slam dunk contest winner".*
‹ **Dar/Hacer un MATE**.- (v). **a)** **To dunk/stuff.** **b)** (con fuerza). **To slam dunk.** } Also MACHACAR.

MEDIA.- (nf). **Average.** } See PROMEDIO.

MEDIO.- (nm). (área imaginaria alrededor del pasillo de tiro libre). **Middle.** (imaginary area around the free throw lane).
‹ **Abrir el MEDIO**.- (v). **To open up the middle.**
‹ **Cerrar el MEDIO**.- (v). **To clog up. To jam.** (the middle).

MESA.- (nf). (de un partido). **Table.** (of a game).
‹ **Ayudantes/Oficiales de MESA**.- **Table officials.** } See ANOTADOR/A(1). CRONOMETRADOR/A.

METER.- (v). **a)** (una canasta). **To score.** (a basket). **To make.** (a goal). **b)** (un tiro). **To connect. To can. To hit.** (a shot). } See a. ACERTAR. CONECTAR. ENCESTAR.
‹ **METER una canasta hacia/para abajo**.- **To dunk. To stuff.** } See MATE.
‹ **METER una canasta limpia**.- **To swish. To shoot a swisher.**

METERSE.- (v). (dentro de la zona) **To get inside.** (the lane).

MINIBASKET.- (nm). **Minibasketball.**

MITAD.- (nf). **1**- (periodo de un partido). **Half.** (period of a game). *"La primera mitad del partido: The first half of the game".* } See PERIODO. TIEMPO.
2- (de un partido). **Half-time. Intermission.** } See DESCANSO. INTERMEDIO.
3- (del campo). **Midcourt.** } See COURT.

MOMENTO DECISIVO.- (n). (en un partido). **Crunch time. Clutch.** (in a game).

MOVER EL BALÓN.- (v). (atacando). **To work the ball around.** (when attacking).

MOVIMIENTO.- (nm). **Move.** (movement).
‹ **MOVIMIENTOS del poste**.- **Post moves.**
‹ **MOVIMIENTO de rotación**.- **Spin. Spining move.** } Also GIRO. See a. REVERSO.
‹ **MOVIMIENTOS individuales**.- **Individual moves.**
‹ **MOVIMIENTO rápido**.- **a)** (atacando). **Flash.** (when attacking). } See CORTE. FINTA. **b)** (de anticipación defendiendo). **Flash.** (on defense). **c)** (de/con la muñeca/los dedos). **Flick.** (quick movement of/with the wrist/fingers). } See a. PASE.
‹ **MOVIMIENTO sin el balón**.- **Move without the ball.**
‹ **Continuación (de un MOVIMIENTO)**.- **Follow-through.** (of a movement).
‹ **En MOVIMIENTO**.- **Moving. On the move.**

N

NEGAR.- (v). (el balón). **To deny.** (the ball). } Also DENEGAR. See a. DEFENSA(3).

NÚMERO.- (nm). (de un jugador). **Number.** (a player's)

O

OBSTRUCCIÓN.- (nf). (bloqueo ilegal: falta). **Blocking**. (foul).

OBSTRUIR.- (v). (bloquear ilegalmente: falta). **To block**. (illegally: foul). *"Sheryl Swoopes fue obstruida por su defensora: Sheryl Swoopes was blocked by her defender"*.

OCHO.- (nm). (trenzado de pases o movimientos en ataque). **Figure eight**. (a weave movement on attack). } See a. TRENZADO.
‹ **Hacer un OCHO**.- (v). **To weave**.

OCHO SEGUNDOS.- (nmp). **Eight seconds**.
‹ **Cuenta de los OCHO SEGUNDOS**.- **Eight-second count**.
‹ **Línea de los OCHO SEGUNDOS**.- (la línea central cuando se aplica la regla de los 8"). **8-second line. Time line**. (the center line when applied the 8-second rule).
‹ **Regla de los OCHO SEGUNDOS**.- (para llevar el balón al medio campo de ataque). **Eight-second (backcourt) rule**. (to move the ball into the frontcourt).
‹ **Violación de los OCHO SEGUNDOS**.- (no cruzar la línea central en 8" después de ganar la posesión del balón en el medio campo defensivo). **Eight-second violation**. (to fail to cross the division line within 8" after gaining possession of the ball in the backcourt).

OFENSIVA.- (nf). } See ATAQUE.

OFENSIVA/O.- (adj). **Offensive. Attacking**. } Also ATACANTE.

OFICIAL.- (nm/f). (administrador de la reglas: árbitros y ayudantes). **Official**. (administrator of the rules: referees and assistants). } See ANOTADOR/A(1). ÁRBITRO. CRONOMETRADOR/A.

OFICIAR.- (v). (administrar las reglas). **To officiate**. (to administer the rules). } See a. ANOTAR(1). ARBITAR. CRONOMETRAR.

OJEADOR/A.- (nm/f). (de un equipo). **Scout**. (of a team).

OJEAR.- (v). (observar jugadores jóvenes). **To scout**. (to observe young players).

OTEADOR/A.- (nm/f). } See OJEADOR/A.

OTEAR.- (v). } See OJEAR.

P

PABELLÓN DE DEPORTES.- (nm). **Sports hall. Sports pavilion. Arena**. } Also ARENA. POLIDEPORTIVO.

PALMEAR.- (v). (el balón). **To tip. To tap**. (the ball). *"Kristaps Porzingis palmeó el balón para anotar la canasta ganadora: Kristaps Porzingis tipped the ball to score the winning basket"*.

PALMEO.- (nm). **1**- (un tiro palmeando el balón). **Tip**. (a shot tipping the ball)
2- (canasta palmeando el balón). **Tip-in. Tap-in**. (a basket tipping the ball).
‹ **Encestar de PALMEO**.- (v). (meter una canasta palmeando el balón). **To tip in. To tap in**. (to score a basket with a tip).

PALOMERA/O.- (nm/f). (jugador/a que no baja a defender). **Basket-hanger. Cherry-picker**.

PANTALLA.- (nf). (bloqueo indirecto). **Screen**. (pick away of the ball). } See a. BLOQUEO.
‹ **PANTALLA/Bloqueo ilegal**.- **Illegal screen**.
‹ **PANTALLA y continuación**.- **Pick and roll. Screen and roll**.
‹ **Hacer una PANTALLA**.- (v). **To screen. To set a screen**. } See a. BLOQUEAR.

PAR.- (nm). (el contrario al que se defiende). **Man**. (the opponent one is defending). *"Jordi Villacampa está defendiendo de cerca a su par: Jordi Villacampa is playing close to his man".* } Also HOMBRE. See a. EMPAREJAR.

PARADA.- (nf). **Stop**. } See a. PIVOTE.
‹ **PARADA en un tiempo**.- **Stop on the count of one**.
‹ **PARADA en dos tiempos**.- **Stop on the count of two**.

PARCIAL.- (nm). (en el marcador). **Burst. Run. Spree. Spurt. Streak**. (scoring). *"Empataron el partido con un parcial de 14-3: Tied the game with a 14-3 burst/spree".* } See a. RACHA.

PARTIDO.- (nm). **Game. Match. Fixture**. (UK). } Also ENCUENTRO. See a. JUEGO(1).
‹ **PARTIDO de las estrellas**.- (NBA). **All-star game**.
‹ **PARTIDO de desempate**.- **Play-off**. (a tie-breaking game).
‹ **PARTIDO de entrenamiento**.- **Scrimmage. Practice game**.
‹ **PARTIDO de revancha**.- **Rematch**.
‹ **PARTIDO de serie eliminatoria**.- **Play-off game**. } See ELIMINATORIA.
‹ **PARTIDO de vuelta**.- **Return game**.
‹ **PARTIDO en casa**.- **Game at home**.
‹ **PARTIDO fuera (de casa)**.- **Game away/on the road**.
‹ **PARTIDO igualado/equilibrado**.- **Close game**. *"Durante toda esta temporada hemos estado perdiendo los partidos igualados: All season long we have been losing the close games".*
‹ **Comienzo del PARTIDO**.- **Start of game. Opening tap. Tip-off. Tap-off**. } See a. SALTO INICIAL.
‹ **Planteamiento del PARTIDO**.- (a cargo del entrenador). **Game plan**. (by the coach). *"El hábil planteamiento del partido de Aíto García Reneses funcionó a la perfección: Aíto García Reneses' clever game plan worked perfectly".*

PASADOR/A.- (nm/f). (jugador/a que pasa el balón). **Passer**.
‹ **Buen PASADOR**.- **Feeder**. (a good passer).

PASAR.- (v). (el balón a). **To pass (the ball to). To hand/work the ball off to. To make a pass to**. } See PASE.
‹ **PASAR dentro**.- (de la zona) **To get/pass the ball inside**.
‹ **PASAR y cortar/continuar**.- (pasar a un compañero y cortar para recibir un pase de vuelta). **To give and go. To pass and cut**. (to pass to a teammate and cut for a return pass).

PASE.- (nm). (general). **Pass**.
‹ **Cortar/Interceptar un PASE**.- (v). **To block. To intercept**. (a pass).
‹ **Dar un PASE**.- (v). **To pass. To make a pass**. } Also PASAR.
‹ **Dar un PASE forzado/Forzar un PASE**.- (v). **To force a pass**. *"José Luis Llorente dió un pase forzado a un compañero que estaba rodeado de defensores: José Luis Llorente forced a pass to a teammate who was surrounded by defenders".*
‹ **Impedir/Denegar/Negar un PASE**.- (v). **To deny**. (a pass).
‹ **Juego de PASES**.- (sistema de ataque). **Passing game**. (offensive system).
‹ **Línea/Pasillo de PASE**.- **Passing lane**.
‹ **Trenza/Trenzado de PASES**.- **Weave**.
a) (tipos de pases). (kind of passes).
‹ **PASE de béisbol**.- **Baseball pass**.
‹ **PASE de bolos**.- **Shovel pass**.
‹ **PASE de entrega/mano a mano/en bandeja**.- **Flip pass**. (hand-to-hand pass).
‹ **PASE de gancho**.- **Hook pass**.
‹ **PASE de pecho**.- **Chest pass**.
‹ **PASE después del bote/lateral con una mano**.- (dando un golpe de muñeca). **Flick pass**. (making a quick snap of the wrist).
‹ **PASE picado/al bote**.- **Bounce pass**.
‹ **PASE por (detrás de) la espalda**.- **Behind-the-back pass**.
‹ **PASE por encima de la cabeza**.- **Overhead pass**. *"Practica tu pase por encima de la cabeza: Practice your overhead pass".*
b) (otros pases). (other passes).
‹ **PASE adelantado**.- **Lead pass**.
‹ **PASE bombeado**.- **Lob pass**.
‹ **PASE bombeado cerca del aro**.- **Alley-oop pass. Aliup**. } See a. MATE.

‹ **PASE de apertura/Primer PASE**.- (después de un rebote defensivo). **Outlet pass.** (after a defensive rebound).
‹ **Dar un PASE de apertura**.- (v). **To outlet.** } See a. REBOTE.
‹ **PASE de campo a campo/canasta a canasta**.- **Cross-court pass. End to end pass.** (from one side of the court to the other).
‹ **PASE dentro/interior**.- **Inside pass.**
‹ **PASE de saque de banda**.- **Inbounds pass.**
‹ **PASE de vuelta**.- **Return pass.** } Also DEVOLUCIÓN.
‹ **PASE en movimiento**.- **Spot pass.**
‹ **PASE exterior/hacia fuera**.- (de la zona). **Outside pass.** (of the zone).
‹ **PASE hacia atrás**.- **Drop pass.**
‹ **PASE interior/dentro**.- **Inside pass.**
‹ **PASE saltando/en salto**.- **Jump pass.**
‹ **PASE sin mirar**.- (usando visión periférica). **Blind pass. Lookaway pass. No-look pass.** (using peripheral vision).
‹ **PASE y corte/continuación**.- **Give-and-go.**
‹ **PASES en movimiento**.- **Passing on the move.**
‹ **Buen PASE**.- (a un compañero que está en posición de encestar). **Feed.** (a good pass to a teammate who is in position to score). } See a. ASISTENCIA.
  * **Dar un buen PASE**.- (v). **To feed.**

PASILLO.- (nm). **1**- (en un contraataque). **(Fast break) Lane.** (on a fast break). } See CALLE.
2- (línea de pase). **Passing lane.**

PASO.- (nm). **Step.**
‹ **PASO (de salida) cruzado**.- (cruce de piernas). **Cross-over step. Crossover.** } See a. BOTE.
‹ **PASO adelante y atrás**.- **Rocker step. Jab step.** } See a. FINTA.
‹ **PASO hacia atrás**.- **Step back.** } See a. FINTA.
‹ **PASO de caída**.- (pivotando). **Drop step.** } See a. PIVOTE.
‹ **Finta de PASO botando**.- **Stutter step.** (fake made while dribbling). } See a. FINTA.

PASOS.- (nmp). (violación). **Steps. Traveling. Walking.** *"Le señalaron pasos a Boris Diaw: Boris Diaw was called for steps".* } Also CAMINO.

‹ **Hacer PASOS**.- (v). **To travel. To walk.** } Also CAMINAR.

PEDIR EL BALÓN.- (v). (un jugador). **To signal for the ball.** (a player).

PELOTA.- (nf). } See BALÓN.

PENALIZACIÓN.- (nf). **Penalty.** } Also CASTIGO. SANCIÓN.
‹ **PENALIZACIÓN de dos tiros libres**.- **Two-shot penalty.**

PENALIZAR.- (v). **To penalize.** } Also CASTIGAR. SANCIONAR.

PENETRACIÓN.- (nf). (a canasta). **Drive. Penetration.** (to the basket). } See ENTRADA.
‹ **Hacer una PENETRACIÓN**.- (v). **To drive. To penetrate.** } Also PENETRAR.

PENETRAR.- (v). (a canasta). **To drive. To go. To penetrate.** (to the basket). } See ENTRAR.

PERDER.- (v). **1**- (un partido). **To lose.** (a game).
‹ **PERDER por incomparecencia**.- **To default.** (to lose a game by default). } See a. INCOMPARECENCIA.
‹ **PERDER por descalificación**.- **To forfeit.** } See a. MARCADOR.
‹ **Ir PERDIENDO**.- **To trail.** *"Iban perdiendo por seis puntos en el descanso: They were trailing by six points at the halftime".*
2- (el balón). **To lose the ball. To turn the ball over.**

PERDER EL BALÓN.- (v). a) **To lose possession of the ball. To turn the ball over.** b) (por cometer una violación). **To turn the ball over.**

PÉRDIDA DE BALÓN.- (nf). (de la posesión del balón). **Turnover.** (loss of possession of the ball). *"Son el mejor equipo forzando pérdidas de balón: They are the best team at forcing turnovers".*

PERÍMETRO.- (nm). **1**- (área imaginaria alejada de la zona). **Perimeter.** (imaginary area along the outside of the lane). } Also EXTERIOR.

‹ **Juego de PERÍMETRO**.- Perimeter game.
‹ **Tirador de PERÍMETRO**.- Perimeter shooter. *"Doug McDermott en un tirador de perímetro: Doug McDermott is a perimeter shooter"*.
‹ **Tiro de PERÍMETRO**.- Perimeter shot.
2- (área de juego de los bases en ataque). **Perimeter. Backcourt.** (the guards' playing area on attack). } See EXTERIOR.

PERIODO.- (nm). (de un partido). **Half. Period.** (of a game). } See TIEMPO. See a. CUARTO.
‹ **PERIODO inicial**.- **Opening half. First half.**
‹ **Segundo PERIODO**.- **Second half.**

PERIODO EXTRA.- (nm). (después del tiempo reglamentado). **Extra period. Overtime (period).** (after regulation time). } Also PRÓRROGA.

PERMUTA.- (nf). (en defensa). **Switch(ing). Shift (ing).** (on defense). } Also CAMBIO.

PERMUTACIÓN.- (nf). } See PERMUTA.

PERMUTAR.- (v). (en defensa). **To switch (off). To shift.** (on defense). } Also CAMBIAR.

PERSONAL.- (nf). (falta). **Foul. Personal foul.** } See FALTA.

PIE.- (nm). **1**- (de apoyo/pivote). **Pivot foot.**
2- (golpear el balón con el pie o pierna). (violación). **Foot. Kick(ing).** (to hit the ball with feet or legs).

PISTA.- (nf). **Court. Field. "The floor". Playground.**} See CAMPO.
‹ **PISTA delantera**.- (medio campo de ataque de un equipo). **Frontcourt.** (offensive half-court of a team). } See CAMPO.
‹ **PISTA trasera**.- (medio campo defensivo de un equipo). **Backcourt.** (defensive half-court of a team). } See CAMPO.

PITAR.- (v). **1**- (señalar el árbitro en un partido). **To call. To whistle.** (to signal the referee in a game). } Also SEÑALAR.
2- (actuar de árbitro). **To referee. To whistle.** (to act as a referee). } See ARBITRAR.

PÍVOT.- (nm/f). **1**- (jugador/a). **Center. Centre.** (UK). **Pivot. Pivotman.** } See a. POSTE.
‹ **Alero/Ala-PÍVOT**.- **Power forward.**
‹ **Aleros y PÍVOTS**.- (jugadores interiores/de dentro). **Front line. Frontcourtmen. Frontcourt.** (inside players).
2- (posición). **Pivot.** (position). } See a. POSTE.

PIVOTAR.- (v). **To pivot.** *"Un jugador que para en un tiempo puede pivotar con cualquier pie: A player who stops on the count of one may pivot with either foot"*.

PIVOTE.- (nm). (movimiento con los pies). **Pivot.** (movement with the feet).
‹ **Hacer un pivote**. (v). **To pivot.** } Also PIVOTAR.
‹ **Pie de PIVOTE**.- **Pivot foot.**
‹ **PIVOTE posterior**.- (echando un pie hacia atrás). **Reverse pivot.** (by dropping a foot back). } See a. REVERSO.

PLANTILLA.- (nf). (jugadores de un equipo). **Roster.** (players of a team).

PLAY-OFF.- (nm). (angl). } See ELIMINATORIA.

PLUSMARCA.- (nf). (la mejor marca). **Record.** (the best mark).

POLIDEPORTIVO.- (nm). **Sports hall. Sports pavilion. Arena.** } Also ARENA. PABELLÓN DE DEPORTES.

PORCENTAJE.- (nm). **Percentage.** *"Chris Paul tiene un porcentaje de tiro del 47%: Chris Paul has a 47% shooting percentage"*. } See a. MEDIA. PROMEDIO.

POSESIÓN.- (nf). (del balón). **Possession.** (of the ball).
‹ **Cambio de POSESIÓN**.- (del balón). **Change of possession.** (of the ball).
‹ **Regla de POSESIÓN alterna**.- **Alternating-possession rule.**
‹ **Ganar la POSESIÓN**.- (del balón). (v). **To gain possession.** (of the ball).

‹ **Mantener la POSESIÓN**.- (del balón). (v). **To keep possession**. (of the ball).
‹ **Perder la POSESIÓN**.- (del balón). (v). **To lose possession**. (of the ball).
‹ **Tiempo de POSESIÓN del balón**.- **Time of possession of the ball**.

POSICIÓN.- (nf). **1**- (de un jugador en la alineación). **Position. Berth. Spot**. (of a player in the line-up). } Also PUESTO. See a. ALINEACIÓN.
* **POSICIÓN de 1 (uno)**.- **1 (one) position**. "Base: Point-guard/Playmaker."
* **POSICIÓN de 2 (dos)**.- **2 (two) position**. "Escolta: Guard".
* **POSICIÓN de 3 (tres)**.- **3 (three) position**. "Alero/Ala: Small forward".
* **POSICIÓN de 4 (cuatro)**.- **4 (four) position**. "Ala-Pívot: Power forward".
* **POSICIÓN de 5 (cinco)**.- **5 (five) position**. "Pívot/Poste: Center/Pivot".
‹ **Jugar en dos POSICIONES**.- (v). **To swing. To be a swingman**. (to play in two different positions).
2- (de un jugador en el campo). **Position**. (of a player on the court).
‹ **POSICIÓN de ayuda**.- **Help(ing) position**.
‹ **POSICIÓN defensiva**.- **Defensive position/stance**. "Joe Ingles tiene una buena posición defensiva: Joe Ingles has a good defensive stance".
‹ **Establecer una POSICIÓN defensiva**.- (v). **To establish a defensive position**.
‹ **POSICIÓN del base**.- (teórica en ataque). **Point**. (point-guard position when attacking).
‹ **POSICIÓN de poste**.- **Post position**.
‹ **POSICIÓN de tiro**.- **Shooting position/spot**.
‹ **POSICIÓN exterior**.- **Outside position**.
‹ **POSICIÓN interior**.- **Inside position**.
‹ **POSICIÓN ofensiva/de ataque**.- **Offensive position/stance**.
‹ **Colocar en una POSICIÓN**.- (v). **To position**.
‹ **Recuperar la POSICIÓN**.- (v). **To recover position**.
3- (en la clasificación). **Position. Rank. Standing**. (in the standings). } Also PUESTO(2).
‹ **Primera POSICIÓN**.- **First position. Lead**.
‹ **Estar en primera POSICIÓN**.- (v). (ir primero). **To be in first position. To lead**. (to be first).

‹ **Ir/Ocupar una POSICIÓN**.- (v). **To rank**. "Hakeem Olajuwon ocupa la cuarta posición en rebotes totales de la NBA: Hakeem Olajuwon ranks fourth in NBA all-time rebounds".

POSTE.- **1**- (nm/f). (jugador/a). **Center. Post. Post man. Postup player**. } See a. PÍVOT.
‹ **Movimientos del POSTE**.- **Post moves**.
2- (nm). (posición en el campo). **Post**. (position on the court).
‹ **POSTE alto**.- (cerca de la línea de tiro libre). **High post**. (near the free throw line). } See a. ARRIBA(2).
‹ **POSTE bajo**.- (cerca de la canasta). **Low post**. (close to the basket). } See a. ABAJO(2).
‹ **POSTE medio**.- **Middle post**.
‹ **Situarse de/en el POSTE**.- (v). **To post up**. (to establish a post position).

PRACTICAR.- (v). **a) To practice. To practise**. (UK). **To train. To work out**. } See ENTRENAR.
b) (jugar). **To practice. To play**. "Yo practico el baloncesto: I practice/play basketball".

PREPARACIÓN.- (nf). } See ENTRENAMIENTO.
‹ **PREPARACIÓN física**.- **Physical training**.

PREPARADOR/A.- (nm/f). **Coach**. } See ENTRENADOR/A.
‹ **PREPARADOR físico**.- (ayudante del entrenador a cargo de la preparación física). **Trainer**. (assistant coach in charge of physical training).

PREPARAR.- (v). (a un equipo). **To coach. To train**. (a team). } See ENTRENAR.

PREPARARSE.- (v). (un jugador). **To practise. To train. To work out**. (a player). } See ENTRENAR.

PRESIÓN.- (nf). **Pressure. Press. Pressing**.
‹ **PRESIÓN a/en medio campo**.- **Half-court press(ing)**.
‹ **PRESIÓN a/en todo el campo**.- **Full-court press(ing)**.
‹ **PRESIÓN al hombre/individual**.- **Man-to-man press(ing)**.
‹ **PRESIÓN en zona**.- **Zone press**.

‹ **Ejercer/Hacer PRESIÓN**.- (v). (sobre/a). **To press**. } Also PRESIONAR.
‹ **Salir de/Romper una PRESIÓN**.- (v). **To break a press(ing)**.

PRESIONAR.- (v). **To press**. } See PRESIÓN.

PRESSING.- (nm). (angl). **Pressing**. } See PRESIÓN.

PROMEDIAR.- (v). **To average**. } See a. PROMEDIO.

PROMEDIO.- (nm). **Average**. } Also MEDIA. See a. PORCENTAJE.
‹ **Hacer/Tener un PROMEDIO**.- (v). **To average. To have an average**. *"Tyler Herro tuvo un promedio de 16 puntos por partido en las series eliminatorias (NBA): Tyler Herro had an average of 16 points per game in the Play-offs".*

PRÓRROGA.- (nf). (después del tiempo reglamentado). **Extra period. Overtime (period)**. (after regulation time). } Also PERIODO EXTRA.

PROTEGER EL BALÓN.- (v). **To protect the ball**.

PUERTA ATRÁS.- (nf). **Backdoor**.
‹ **Finta y PUERTA ATRÁS**.- **Fake and backdoor**.
‹ **Hacer una PUERTA ATRÁS**.- (v). **To go backdoor**.
‹ **Jugada de PUERTA ATRÁS**.- **Backdoor play**.

PUESTO.- (nm). **1**- (de un jugador en la alineación). **Position. Berth. Spot**. (of a player in the line-up). } See POSICIÓN(1).
2- (en una clasificación). **Position. Rank. Standing**. } See POSITION(3).
‹ **Primer PUESTO**.- **Lead. First position**.
‹ **Ocupar el primer PUESTO**.- (v). (ir primero). **To lead. To be in the lead/first position/first**.

PUNTO.- (nm). **Point**. *"El CB Canarias se acercó a un punto a falta de 30": CB Canarias pulled to one point with 30" remaining".* } Also TANTO.
‹ **PUNTOS a favor**.- **Points for**.
‹ **PUNTOS en contra**.- **Points against**.
‹ **PUNTOS (de) menos/abajo**.- **Points down**.
‹ **PUNTOS (por) delante/de ventaja/arriba**.- **Points ahead/up**.
‹ **PUNTOS marcados/anotados**.- **Score. Scoring**. } See MARCADOR. TANTEO.
‹ **Marcar/Anotar un PUNTO**.- (v). **To score a point**. *"Los Charlotte Hornets marcaron treinta puntos en el primer cuarto: Charlotte Hornets scored thirty points in the first quarter".*

Q

QUINTETO.- (nm). (equipo). **Quintet**. (team). } Also CINCO. See EQUIPO.

R

RACHA.- (nf). **1**- (de derrotas o victorias consecutivas). **Streak**. (series of consecutive victories or defeats). } Also SERIE.
‹ **RACHA de derrotas**.- **Losing streak**.
‹ **RACHA de victorias**.- **Winning streak**.
2- (serie en el marcador). **Streak. Burst. Run. Spree. Spurt**. (scoring streak). } Also PARCIAL.
3- (corto periodo de destacada actuación). **Streak**. (brief period of outstanding performance).
‹ **Encestador a/de RACHAS**.- **Streak shooter**.
4- **Mala RACHA**.- (durante un partido). **Slump**.
* **Tener una mala RACHA**.- (v). **To be in a slump**.

RÁNKING.- (nm). (angl). **Ranking**. } See CLASIFICACIÓN(ES). ESTADÍSTICAS.

RAYA.- (nf). } See LÍNEA.

REANUDACIÓN.- (nf). (del juego). **Restart**. (of play).

‹ **REANUDACIÓN**.- (del juego después de un tiempo muerto). **Time-in.** (restart of play after a timeout).

REANUDAR.- (v). (el juego). **To restart. To resume.** (the play).

REBOTAR.- (v). (el balón). **To bounce.** (the ball). *"El balón rebotó en el aro después del tiro: The ball bounced off the rim after the shot".*

REBOTE.- (nm). **1**- Rebound. Rebounding.
‹ **Bloquear/Cerrar el REBOTE**.- (v). **To block out/off. To box out. To screen out.**
‹ **Controlar/Dominar el REBOTE**.- (v). **To control/dominate the boards.** (the rebounds).
‹ **Coger/Atrapar/Capturar un REBOTE**.- (v). **To capture. To grab. To hold/pull down.** (a rebound).
‹ **REBOTE defensivo**.- **Defensive rebound.**
‹ **REBOTE ofensivo**.- **Offensive rebound.**
‹ **Sacar el REBOTE**.- (v). **To outlet.** } See a. APERTURA.
‹ **Superar en el REBOTE**.- (v). (más que el equipo contrario). **To outrebound. To outboard.** (the opponent team).
‹ **Triángulo de REBOTE**.- **Rebounding triangle.**
2- (del balón). **Bounce.** (of the ball). } See REBOTAR.

REBOTEADOR/A.- (nm/f). Rebounder.

REBOTEAR.- (v). **To rebound.**
‹ **REBOTEAR con fuerza/agresivamente**.- **To bang/crash the boards.**

RECEPCIÓN.- (nf). (de balón). **Reception.** (of the ball).
‹ **Finta de RECEPCIÓN**.- **Reception fake.**
‹ **Impedir la RECEPCIÓN**.- (v). (del balón). **To deny.** (the ball). } Also DENEGAR. NEGAR.

RECEPTOR/A.- (n). (jugador que recibe el balón). **Receiver.** (player who receives the ball).

RECIBIR.- (v). (el balón). **To receive.** (the ball). *"Cuando recibas un pase vete hacia el balón: When receiving a pass come to meet the ball".*

RÉCORD.- (nm). (angl). (mejor marca). **Record.** (best mark). *"Wilt Chamberlain posee el récord de la NBA con 101 puntos en un partido: Wilt Chamberlain holds the NBA record with 101 points in one game".* } Also PLUSMARCA.

RECUPERACIÓN.- (nf). (de balón). **Steal.** (of the ball). } Also BALÓN RECUPERADO. ROBO DE BALÓN.

RECUPERAR.- (v). **1**- (el balón). **To recover.** (the ball). } See a. ROBAR.
2- (en defensa). **To recover. To get back.**
‹ **Ayudar y RECUPERAR**.- **To help and recover.**
3- (la posición). **To recover.** (the position).

RED(ES).- (nf). (de la canasta). **Cords. Net(s). Net cords.** (of the basket).

REEMPLAZAR.- (v). **1**- (a un jugador por el entrenador). **To replace. To substitute.** (a player by the coach). *"Reemplazó a J.M. Beirán por Fernando Arceaga: Replaced J.M. Beirán for Fernando Arceaga".* } Also CAMBIAR. SUSTITUIR.
2- (entrar en juego en lugar de un compañero). **To replace. To substitute.** (to enter the game in place of a teammate). } Also SUSTITUIR.

REGATE.- (nm). (botando el balón). **Dribble. Dribbling.** (the ball). } See BOTE.
‹ **Hacer un REGATE con el balón**.- (v). **To dribble.** } Also DRIBLAR.

REGATEAR.- (v). (botando el balón). **To dribble.** } Also DRIBLAR. See a. BOTAR.
‹ **REGATEAR botando a**.- (un jugador). **To dribble past.** (a player).

REGLA.- (nf). **Rule. Regulation.** } See a. FALTA. VIOLACIÓN.
‹ **REGLAS de juego**.- **Playing rules.**
‹ **Aplicar una REGLA**.- (v). **To apply a rule.**
‹ **Infracción de las REGLAS**.- **Infringement. Infraction.** (of the rules).
‹ **Interpretación de las REGLAS**.- **Interpretation of the rules.**
‹ **Según las REGLAS**.- **According to the rules.**

‹ **REGLAS de tiempo**.- Time rules.

* **REGLA de los 5"**.- (de retención de balón). (FIBA). **5" rule. 5" held-ball rule**. } See a. CINCO SEGUNDOS.

* **REGLA de los 8"**.- (para llevar el balón al medio campo ofensivo). **8" backcourt rule. 8" backcourt held-ball rule**. (to move the ball into the frontcourt). } See a. OCHO SEGUNDOS.

* **REGLA de los 3"**.- (en el área restringida en ataque). **3" rule**. (inside the restricted area on attack). } See a. TRES SEGUNDOS. ZONA.

* **REGLA de los 24"**.- (de posesión de balón). **24" rule**. (of possession of the ball). } See a. VEINTICUATRO SEGUNDOS.

REGLAMENTARIO.- (adj). (según las reglas). **Regulation**. (according to the rules). *"El tiempo reglamentario: Regulation time"*.

REGLAMENTO.- (nm). **Rules. Regulations**. } See a. REGLA.

REMONTADA.- (nf). (acción anotadora/ofensiva generalmente por el equipo que va perdiendo). **Rally**. (scoring/offensive action usually by the trailing team). } See a. PARCIAL. RACHA.

REMONTAR.- (v). (un equipo después de ir perdiendo un partido). **To come back. To come from behind. To rally**. (a team after trailing in a game). *"Después de ir perdiendo la mayor parte del segundo tiempo, los LA Clippers remontaron y ganaron por uno: After trailing most of the second half, LA Clippers came back to win by one"*.
‹ **A REMONTAR**.- (estilo de juego). **Catch-up**. (style of play). *"El San Sebastián Gipuzkoa BC tuvo que jugar a remontar después de ir perdiendo por 12 puntos al final del tercer cuarto: San Sebastián Gipuzkoa BC had to play catch-up ball after trailing by 12 points at the end of the third quarter"*.

RESERVA.- (nm/f). (jugador/a). **Reserve. Alternate. Back-up. Substitute**. } Also SUPLENTE. SUSTITUTA/O.
‹ **Equipo RESERVA**.- **Reserve/Second team**.

RELOJ.- (nm). } See CRONÓMETRO.

RESULTADO.- (nm). (de un partido). **Outcome. Result. Final score**. (of a game). } See a. MARCADOR. TANTEO.

RETENCIÓN DE BALÓN 5".- (nf). (violación). (FIBA). **5" held ball**. } See CINCO SEGUNDOS.

REVERSO.- (nm). **1**- (cambio de dirección). **Reverse**. (change of direction). } See a. CAMBIO. FINTA.
2- (botando). **a)** (con cambio de mano). **Reverse dribble. b)** (con una mano). **Spin dribble**. } See BOTE.

RITMO.- (nm). (de un partido). **Pace. Tempo**. (of a game).
‹ **Ataque a RITMO lento**.- **Low-tempo offense**.
‹ **Ataque a RITMO rápido**.- **Up-tempo offense**.
‹ **Cambio de RITMO**.- **Change of pace**.
‹ **Cambiar el RITMO**.- (v). **To change the pace**.
‹ **Controlar el RITMO**.- (v). **To control the pace**.
‹ **Establecer/Imponer/Marcar el RITMO**.- (v). **To set up the pace**. *"Establecieron el ritmo desde el principio del partido: They set up the pace from the beginning of the game"*.

ROBAR.- (v). (un balón). **To steal**. (a ball). } Also RECUPERAR.

ROBO.- (nm). (de balón). **Steal**. (of the ball). *"Penny Hardaway hizo una media de dos robos de balón por partido la temporada pasada: Last season Penny Hardaway made an average of two steals per game"*. } Also RECUPERACIÓN.
‹ **Hacer un ROBO**.- (v). (de balón). **To steal**. (a ball). } Also ROBAR.

ROMBO Y UNO.- (nm). (sistema defensivo). **Diamond-and-one**. (defensive system). } Also DIAMANTE Y UNO. See a. DEFENSA(3).

RONDA.- (nf). (en una competición por eliminatorias). **Round**. (in an elimination tournament). } See ELIMINATORIA.

ROTACIÓN.- (nf). **1**- (giro del cuerpo). **Spin**. (turn of the body). } Tb. GIRO.
2- (en ataque). **Shuffle**. (offensive rotation).

S

SACAR.- (v). **1**- (el balón de banda o fondo). **To inbound. To pass in. To throw in.** (the ball from out of bounds). } See a. SAQUE.
‹ **Jugador que SACA.- Thrower-in.**
2- (el balón después de un rebote). **To outlet.** (the ball after a rebound). } See APERTURA.

SALIDA.- (nf). **1**- (acción de movimiento). **Start.** (of a movement). } Also ARRANCADA. See a. BOTE. FINTA. PASO.
2- (al contraataque). **Break.** } Also APERTURA.

SALIR.- (v). **1**- (del banquillo a jugar). **To come off.** (the bench to play). } See BANQUILLO.
2- (de un bloqueo o una pantalla). **To come off.** (a pick or screen).

SALTAR.- (v). **To jump. To leap.** } Also BOTAR (2). See a. SALTO.

SALTAR Y CAMBIAR.- (v). (en defensa). **To jump and switch.** (on defense).

SALTO.- (nm). **Jump. Leap.** } See a. BOTE(2).
‹ **Dar un SALTO.-** (v). **To jump. To leap.** } Also SALTAR.
‹ **Jugador con buen SALTO.- Leaper.** (player with a good jumping ability).
‹ **Pase en SALTO.- Jump pass.**
‹ **Tirar en SALTO.-** (v). **To shoot a jumper.**
‹ **Tiro en SALTO.- Jump shot. Jumper.**

SALTO ENTRE DOS.- (nm). **Jump ball.** } Also LUCHA.

SALTO INICIAL.- (nm). **Opening tap. Opening tip. Tap-off. Tip-off.**

SANCIÓN.- (nm). **Penalty.** } See PENALIZACIÓN.

SANCIONAR.- (v). **To penalize.** } See PENALIZAR.

SAQUE.- (nm). (de fuera de banda/fondo). **Pass-in. Throw-in.** (from out of bounds).
‹ **Jugada de SAQUE.- Inbounds play.**
‹ **Pase de SAQUE.- Inbounds pass.**
‹ **Hacer un SAQUE.-** (v). **To inbound. To pass in. To throw in.** } Also SACAR.

SAQUE LIBRE.- (nm). (saque de banda jugando informalmente, pero no en un partido). **Free-in.** (a throw-in in informal play, but not in a game).

SENIOR.- (nm/f). **Senior.** } See a. JUGADOR/A.

SENTAR.- (v). (en el banquillo). **To sideline. To bench.** } See BANQUILLO.

SEÑAL.- (nf). (del árbitro o ayudantes). **Signal. Call.** (of the referee or assistants).
‹ **SEÑAL con la mano/manual.- Hand-signal.** } Also DESIGNACIÓN.
‹ **Hacer una SEÑAL con la mano.-** (v). **To hand signal. To signal.** } Also DESIGNAR. SEÑALAR.

SEÑALAR.- (v). **1**- (el árbitro). **To call. To make a decision. To signal. To whistle.** (the referee). *"El árbitro señaló salto entre dos: The referee called for a jump ball".* } Also INDICAR. PITAR.
‹ **SEÑALAR al infractor.- To designate offender.** } Also DESIGNAR.
‹ **SEÑALAR con la mano.- To hand signal.** } Also DESIGNAR. See SEÑAL.
2- (una jugada de ataque). **To call for.** (a set play). } Also MARCAR(3).

SEÑALIZACIÓN.- (nf). } See SEÑAL.

SEÑALIZAR.- (v). } See SEÑALAR.

SERIE.- (nf). **1**- (eliminatoria). **Series.** } See ELIMINATORIA.
2- (de derrotas o victorias consecutivas). **Streak.** (series of consecutive defeats or victories). } Also RACHA.
‹ **SERIE de derrotas.- Losing streak.**
‹ **SERIE de victorias.- Winning streak.**

3- (en el marcador). **Burst. Run. Streak. Spree. Spurt.** (scoring) } Also PARCIAL. RACHA.

SILBAR.- (v). } See PITAR.

SILBATO.- (nm). **Whistle.**

SINCRONIZACIÓN.- (nf). (de movimientos o pases de un equipo). **Timing.** (synchronization of movements or passes of a team).

SISTEMA.- (nm). (de juego). **System. Pattern.** (of playing). } See ATAQUE(2). DEFENSA(3).
‹ **SISTEMA de ataque**.- **Offensive system.**
‹ **SISTEMA defensivo**.- **Defensive system.**

SOBREMARCAR.- (v). (forzar la defensa). **To overplay.**

SOLTAR EL BALÓN.- (v). **To release the ball.**

SUBIR EL BALÓN.- (v). **To bring the ball up. To push the ball upcourt.**

SUPERAR.- (v). **1-** (el marcaje de un defensor). **To beat. To get free from.** (a defender). } See a. DESMARCARSE. MARCAJE.
2- (en el marcador). (meter más puntos que el contrario). **To outscore.** (the opponents). *"El Bilbao Basquet* **superó** *a los contrarios 22-13 en los últimos 10 minutos: Bilbao Basquet outscored the opponents 22-13 in the last 10 minutes".*
3- (en el rebote). (coger más rebotes que el contrario). **To outrebound. To outboard.** (the opponents).
4- (en el tiro). (tener mejor porcentaje de tiro). **To outshoot.** (the have a better shooting percentage).
5- (en juego/tácticamente). (jugar mejor que el equipo contrario). **To outplay.** (to play a better game than the opponent team).

SUPLENTE.- (nm/f). (jugador/a). **Alternate. Back-up. Reserve. Substitute.** } Also RESERVA. SUSTITUTA/O.

SUSPENSIÓN.- (nf). } See TIRO EN SUSPENSIÓN.

SUSTITUCIÓN.- (nf). **Substitution.** } Also CAMBIO.

SUSTITUIR.- (v). **1-** (a un jugador por el entrenador). **To change. To replace. To substitute.** (a player by the coach). } Also CAMBIAR. REEMPLAZAR.
2- (entrar en juego en lugar de un compañero). **To replace. To substitute.** (to enter the game in place of a teammate). } See a. REEMPLAZAR.

SUSTITUTA/O.- (nm/f). (jugador/a). **Alternate. Back-up. Reserve. Substitute.** } Also RESERVA. SUPLENTE.

T

TABLA.- (nf). **1-** (clasificación). **Table.** (standings). } See CLASIFICACIÓN(ES).
2- } See TABLERO.

TABLERO.- (nm). **a) Backboard. Bankboard. Bangboard. Board. b)** (transparente). **Glass.** (transparent board).
‹ **Cuadro/Rectángulo del TABLERO**.- **Backboard marking.**
‹ **Los TABLEROS**.- (en sentido de rebote). **The boards.** (rebounding sense). *"Las Atlanta Dream ganaron la lucha bajo* **los tableros**: *Atlanta Dream won the battle of the boards".* } See REBOTE.
* **Controlar/Dominar los TABLEROS**.- (v). **To control/dominate the boards.**
* **Machacar los TABLEROS**.- (v). (con fuerza/ agresivamente). **To crash/bang the boards.**
‹ **Soportes de los TABLEROS**.- (de la canasta). **Backboard (basket) supports.**
‹ **Tirar al TABLERO**.- (v). **To go backboard/ glass. To bank.**
‹ **Tiro al TABLERO**.- **Bank shot. Banker.**
‹ **Tiro apoyándose en el TABLERO**.- **Leaning banker.**
‹ **Tiro que da en el TABLERO**.- (sin tocar el aro). **Glass ball.** (only touches the board/glass).

<u>TÁCTICA</u>.- (nf). **Tactics.**

<u>TANTEADOR</u>.- (nm). } See MARCADOR.

<u>TANTEO</u>.- (nm). (de un partido). **Score. Scoring.** (of a game). } Also MARCADOR.
‹ **TANTEO arrastrado**.- (marcador parcial en un momento dado). **Running score.** (actual score at a given moment).
‹ **TANTEO final**.- **Final score. Outcome. Result.** } Also RESULTADO.
‹ **Llevar el TANTEO**.- (v). **To keep score.**

<u>TANTO</u>.- (nm). **Point.** } See PUNTO.

<u>TAPÓN</u>.- (nm). **Blocked shot. Rejection.**
‹ **Poner un TAPÓN**.- (v). (interceptar un tiro). **To block. To reject. To intercept.** (a shot).

<u>TAPONADOR/A</u>.- (nm/f). (jugador/a que pone un tapón). **Shot blocker.**

<u>TÉCNICA</u>.- (nf). **1-** (falta técnica). **Technical foul.** } See a. FALTA.
2- (de un jugador). **Technique. Skill.** (of a player). } See FUNDAMENTOS.

<u>TEMPORADA</u>.- (nf). **Season.**
‹ **Después de la TEMPORADA de liga**.- **Post season.** (NBA). } See a. ELIMINATORIA.
‹ **Final de TEMPORADA**.- **Late season.**
‹ **PRETEMPORADA**.- **Pre-season.**
‹ **Principio de TEMPORADA**.- **Early season.**
‹ **TEMPORADA de descanso**.- **Off-season.**
‹ **TEMPORADA de liga**.- **Regular season.** (NBA).

<u>TIEMPO</u>.- (nm). **1-** (periodo de un partido). **Period. Half.** (of a game). } Also PERIODO.
‹ **Primer TIEMPO**.- **First half. Opening half.**
‹ **Segundo TIEMPO**.- **Second half.**
* (FIBA). *"Un partido está dividido en dos **tiempos**, compuestos cada uno de ellos de dos cuartos de 10': A game is divided in two halves, each one made up of two quarters of 10' each".*
* (NBA). *"Un partido está dividido en dos **tiempos**, compuestos cada uno de ellos de dos cuartos de 12': A game is divided in two halves, each one made up of two quarters of 12' each".* } See a. CUARTO.

2- (de juego). **Time of play(ing).**
‹ **TIEMPO reglamentado**.- **Regulation time.** *"El marcador estaba empatado a 82 al final del **tiempo reglamentado**: The score was tied at 82 at the end of regulation time".*
‹ **Acabar/Terminar el TIEMPO de juego**.- (v). **To expire/finish the time of play(ing).**
‹ **Comenzar el TIEMPO**.- (v). (balón en juego). **Start clock.** (ball in play).
‹ **Llevar el TIEMPO**.- (v). **To clock. To time.** } Also CRONOMETRAR.
‹ **Parar el TIEMPO**.- (v). (balón no en juego). **Stop clock.** (ball not in play).
3- (de posesión del balón).- **Time of possession of the ball.** } See POSESIÓN.
‹ **Dejar correr/pasar el TIEMPO**.- (v). (un equipo). **To run out the clock. To work the clock down.** (a team).
4- } See TIEMPO MUERTO.

<u>TIEMPO MUERTO</u>.- (nm). **Timeout.**
‹ **TIEMPO MUERTO del árbitro**.- **Referee's timeout.**
‹ **TIEMPO MUERTO obligado**.- ('televisivo'). **Mandatory timeout.** *"En la NBA debe haber dos **tiempos muertos obligados** por cuarto: In the NBA there must be two mandatory time-outs in each quarter".*
‹ **TIEMPO MUERTO por lesión**.- **Injury timeout.**
‹ **TIEMPO MUERTO registrado/cargado**.- **Registered/charged timeout.**
‹ **Pedir/Solicitar un TIEMPO MUERTO**.- (v). **To request/order a timeout.**
‹ **Señalar/Pitar un TIEMPO MUERTO**.- (v). **To call for a timeout.**

<u>TIRADOR/A</u>.- (nm/f). **1-** (jugador/a que tira). **Shooter. Thrower.** (player who shoots). } Also LANZADOR/A.
2- (buen tirador). **Shooter. Scorer. Marksman.** } See ENCESTADOR/A.
‹ **TIRADOR de perímetro/de fuera**.- **Outside shooter. Perimeter shooter.**
‹ **TIRADOR de triples**.- **3-point shooter.** } Also TRIPLISTA.
‹ **TIRADOR de lejos/larga distancia**.- **Long distance shooter.**

‹ **TIRADOR de/a rachas**.- Streak shooter.
‹ **TIRADOR nato/puro**.- Pure shooter.
‹ **TIRADOR que decide/se la juega**.- (en los momentos decisivos). **Clutch shooter.**

TIRAR.- (v). (a canasta). **To shoot. To throw (up). To fire. To put the ball up. To take/put up (a shot).** } Also LANZAR.
‹ **TIRAR al tablero/a tabla**.- To bank. To go bankboard/glass.
‹ **TIRAR de gancho**.- To hook. } See GANCHO.
‹ **TIRAR en suspensión**.- To shoot a jumper.
‹ **TIRAR forzado/en mala posición**.- To force a shot. *"Willy Hernangómez tiró forzado y falló: Willy Hernangómez forced a shot and missed it".*
‹ **TIRAR mejor**.- (que el contrario). **To outshoot.** (the opponents).
‹ **Miedo a TIRAR**.- (un jugador). **Gun-shy.** *"D'Angelo Russell, no tengas miedo a tirar después de fallar tus tres primeros tiros: D'Angelo Russell, don't get gun-shy after missing your first three shots".*

TIRO.- (nm). **1**- (general). **a)** (n). **Shot.** } Also DISPARO. LANZAMIENTO.
‹ **Acertar/Meter/Encestar un TIRO**.- (v). **To hit.** (a shot). } See ENCESTAR.
‹ **Bloquear/Interceptar un TIRO cayendo el balón**.- (v). (violación). **To block. To interfere.** (a shot when goaltending).
‹ **Clavar un TIRO**.- (v). **To nail.** (a shot).
‹ **Conectar un TIRO**.- (v). **To connect.** (a shot).
‹ **Entrar un TIRO**.- (v). **To enter.** (a shot).
‹ **Fallar un TIRO**.- (v). **To miss.** (a shot).
‹ **Fintar un TIRO**.- **To pump. To fake.** (a shot).
‹ **Forzar un TIRO**.- (v). (tirar forzado). **To force a shot.**
‹ **Interponerse a un TIRO**.- (v). **To interfere with a shot.** } See a. TRAYECTORIA.
‹ **Lanzar un TIRO**.- (v). **To shoot. To throw. To take a shot. To put up a shot.** } See LANZAR. TIRAR.
‹ **Superar en el TIRO**.- (v). (tener un mejor porcentaje que el contrario). **To outshoot.** (to have a better percentage than the opponents).
‹ **Trayectoria descendiente de un TIRO**.- (cayendo el balón). **Goaltending.** (a shot).
b) (adj). (de tiro/s). **Shooting.**

‹ **Falta de TIRO**.- **Shooting foul.**
‹ **Finta de TIRO**.- (con el brazo). **Pump (fake). Shot fake.**
‹ **Doble finta de TIRO**.- **Double pump (fake).**
‹ **Opción de TIRO**.- **Shooting option.**
‹ **Porcentaje de TIRO**.- **Shooting percentage.**
 * **Tener mejor porcentaje de TIRO**.-(v). (que los contrarios). **To outshoot.** (the opponents).
‹ **Posición de TIRO**.- **Shooting position. Spot.**
‹ **Selección de TIRO**.- **Shot selection.**
‹ **Sesión de TIROS**.- (calentando o entrenando). **Shootaround.** (warming up or practicing).
2- (estilo o técnica). (style or technique).
‹ **TIRO al tablero/a tabla**.- **Bank shot. Banker.**
‹ **TIRO apoyándose en el tablero**.- **Leaning banker.**
‹ **TIRO con una mano**.- **One-handed shot. One hander.**
‹ **TIRO con una mano sin saltar**.- **One-handed set shot.**
‹ **TIRO de gancho**.- **Hook (shot).** } Also GANCHO.
‹ **TIRO en bandeja**.- **Lay-up/in.** } See BANDEJA.
‹ **TIRO en suspensión/en salto**.- **Jump shot. Jumper.**
 * **A la media vuelta**.- **Turnaround. Turnaround jumper.**
 * **Dando un paso hacia atrás**.- **Step-back jumper.**
 * **Echándose hacia atrás**.- **Fadeaway jumper. Fallaway jumper.**
 * **En entrada/entrando**.- **Driving jumper.**
‹ **TIRO estático/sin saltar**.- **Set shot.**
‹ **TIRO hundiendo el balón**.- **a) Dunk. Dunk shot. Stuff.** (throwing the ball down through the basket). **b)** (con fuerza). **Slam dunk. Jam.** } See MATE.
3- (valor en puntos). (value in points).
‹ **TIRO de alto porcentaje**.- **Percentage shot.**
‹ **TIRO de campo**.- (intento de dos/tres puntos). **Field shot. Shot.** (two/three points attempt).
‹ **TIRO de tres puntos**.- **3-point shot. Three-pointer.** } Also TRIPLE.
‹ **TIRO libre**.- **Free throw.** } See TIRO LIBRE.
4- (dependiendo de la posición en el campo). (depending on the position on the court).

‹ **TIRO de lejos/larga distancia**.- Long-distance shot.

‹ **TIRO de media distancia**.- Medium-distance shot.

‹ **TIRO desde debajo de la canasta**.- Under-the-basket shot.

‹ **TIRO exterior/desde fuera/de perímetro**.- Outside shot. Perimeter shot.

‹ **TIRO interior/desde dentro**.- (de la zona). Inside shot.

5- (otros tiros). (other shots).

‹ **TIRO al aire**.- (no toca ni el aro ni el tablero). Air ball. (misses the rim and the backboard).

‹ **TIRO al/que da en el tablero**.- (tiro que solo toca en el tablero). Glass ball. (a shot that only touches the back board or glass).

‹ **TIRO clave**.- Key shot.

‹ **TIRO con oposición**.- Contest shot.

‹ **TIRO desequilibrado**.- Off-balance shot.

‹ **TIRO fácil/de cerca**.- Chippie.

‹ **TIRO forzado/en mala posición**.- Forced shot.

‹ **TIRO interceptado**.- Blocked shot. Rejection.

 * **Bloquear/Interceptar un TIRO**.- (v). (taponar). To block a shot. } See TAPÓN.

‹ **TIRO sin oposición**.- Open shot.

‹ **TIRO sin parábola**.- Line drive. Flat jump shot.

‹ **TIRO sobre la bocina final**.- Buzzer shot.

‹ **Segundo TIRO consecutivo**.- Follow up shot. (second consecutive shot).

TIRO LIBRE.- (nm). (penalización). **Free throw. Foul shot. Penalty shot.**

‹ **TIRO LIBRE adicional**.- Additional free throw. Bonus free throw.

‹ **TIRO LIBRE convertido**.- Free throw made. Conversion.

 * **Convertir/Transformar un TIRO LIBRE**.- (v). To convert. To make. (a free throw).

‹ **TIRO LIBRE intentado/lanzado**.- Free throw attempted.

‹ **Área/Zona de TIRO LIBRE**.- Free throw area. } See a. ZONA.

‹ **Círculo de TIRO LIBRE**.- Free throw circle.

‹ **Jugador que lanza un TIRO LIBRE**.- Free thrower.

‹ **Línea de TIRO LIBRE**.- Free throw line. Foul line. "The line".

 * **Prolongación de la línea de TIRO LIBRE**.- Free throw line extended.

‹ **Pasillo de TIRO LIBRE**.- (el área y el semicírculo). Free throw lane. Lane.

‹ **Situación de TIROS LIBRES**.- (cuando un equipo sobrepasa el número de faltas de equipo permitidas). **Bonus situation. Free throw situation. Penalty situation.** (after exceeding the number of team fouls allowed to a team).

TITULAR.- (nm/f). (jugador/a). **Starter. Regular.**

‹ **Equipo TITULAR**.- **Starting team.** } See a. ALINEACIÓN.

TOCAR.- (v). (al jugador que se defiende). **To ckeck. To hand-check.** (the player one is defending). } See a. CONTACTO.

TOPE SALARIAL.- (nm). (de los equipos de la NBA). **Salary cap.** (NBA's teams).

TORNEO.- (nm). (una competición). **Tournament.** (a competition).

‹ **TORNEO por eliminatorias**.- (por sistema de copa). **Elimination tournament.** (knockout competition). } See ELIMINATORIA.

TORRE.- (nf). (jugador/a muy alto/a). **Tower.** } See PÍVOT. POSTE.

TRAILER.- (nm/f). (angl). (jugador/a que viene por detrás en un contraataque). **Trailer.** (a trailing player on a fast break).

TRANSFORMAR.- (v). (un tiro libre). **To make. To convert.** (a free throw). } Also CONVERTIR.

TRANSICIÓN.- (nf). (de defensa a ataque y a la inversa). **Transition.** (from offense to defense and the other way round).

‹ **Defensa de TRANSICIÓN**.- Transition defense.

‹ **Juego de TRANSICIÓN**.- Transition game.

TRAP.- (nm). (angl). } See DOS CONTRA UNO.

TRAYECTORIA.- (nf). **1**- (de un tiro). **Path. Trajectory.** (of a shot).
‹ **TRAYECTORIA descendente**.- **Goaltending.**
‹ **Bloquear/Interceptar un tiro en TRAYEC-TORIA descendente**.- (v). (violación). **To block. To intercept.** (a shot when goaltending).
2- a) (del jugador que bota el balón). **Path of a dribbler. b)** (del jugador sin balón). **Path of player without the ball.**

TRENZA/TRENZADO.- (nf/m). (de pases o movimientos). **Weave.** (passing or on the move). } See a. OCHO.
‹ **Hacer un TRENZADO**.- (v). **To weave.**

TRES CONTRA UNO.- (nm). (tres compañeros defendiendo al mismo contrario). **Three-on-one.** (three teammates guarding the same opponent). } See a. DOS CONTRA UNO.
‹ **Hacer un/Defender TRES CONTRA UNO**.- (v). **To triple-team.**

TRES SEGUNDOS.- (nmp). **Three seconds.**
‹ **Área/Zona de los TRES SEGUNDOS**.- 3" second area/lane. } See a. ZONA.
‹ **Cuenta de los TRES SEGUNDOS**.- Three-second count.
‹ **Regla de los TRES SEGUNDOS**.- (dentro del área restringida en ataque). **3" rule.** (inside the restricted area on attack).
‹ **Violación de (la regla de) los TRES SE-GUNDOS**.- 3" violation. } Also ZONA(2).

TRIÁNGULO Y DOS.- (nm). (sistema defensivo: tres jugadores en zona y dos en individual). **Triangle and two.** (defensive system: three players in zone and two man-to-man).

TRIPLE.- (nm). **1**- (una canasta de tres puntos). **Three-pointer. Three-point basket/field goal. Home run.** } See a BASKET(2).
2- (un tiro de tres puntos). **3-pointer. 3-point shot.**
‹ **Concurso de TRIPLES**.- 3-point Shootout. Long-distance Shootout.

TRIPLE AMENAZA.- (nf). (posición). **Triple threat.**

TRIPLE DOBLE.- (nm). (diez o más en tres estadísticas: puntos, rebotes, asistencias, robos de balón o tapones). **Triple double.** (ten or more in three statistics: points, rebounds, assists, steals or blocked shots). *"Oscar Robertson consiguió su cuadragésimo primer **triple doble** de la temporada en puntos, rebotes y asistencias: Oscar Robertson got his forty-first triple double of the season in points, rebounds and assists".* } See ESTADÍSTICAS.

TRIPLISTA.- (nm/f). (jugador/a). **Three-point shooter.**

TROFEO.- (nm). (campeonato). **Trophy.**

U

UNO CONTRA UNO.- (nm). (en un partido). **One-on-one.** (in a game). *"Nadie puede parar a Kareem Abdul-Jabbar en **uno contra uno** dentro de la zona: Nobody can stop Kareem Abdul-Jabbar one-on-one inside the paint".*
‹ **Jugar UNO CONTRA UNO**.- (v). **a) To play one-on-one. b)** (juego informal). **One-on-one.** (informal playing).

V

VEINTICUATRO SEGUNDOS.- (nmp). 24". **Twenty-four seconds.**
‹ **Encargado/Operador de los 24"**.- Twenty-four seconds operator.
‹ **Regla de los VEINTICUATRO SEGUNDOS**.- (de posesión de balón). **Twenty-four seconds rule.** (of possession of the ball).
‹ **Violación de (la regla de) los 24"**.- Twenty-four seconds violation.

VENCER.- (v). **To win. To beat. To defeat. To outplay.** *"Los Toronto Raptors **vencieron** a los Indiana Pacers en un partido igualado: Toronto Raptors beat Indiana Pacers in a close game".* } Also BATIR. DERROTAR. GANAR.

VENTAJA.- (nf). **1**- (en el marcador). **Lead.** (on the scoreboard). *"El Real Betis Baloncesto se fué al descanso con una **ventaja** de nueve puntos: Real Betis Baloncesto went to the half time with a nine points lead".* } Also DELANTERA.
‹ **VENTAJA mínima**.- (en un partido). **Edge.** (in a game). *"Ellas comenzaron el último cuarto con una **ventaja mínima** de 96-95: They started the final quarter with a 96-95 edge".*
‹ **Aumentar la VENTAJA**.- (v). **To increase. To extend.** (the lead).
‹ **Llevar/Tener (una) VENTAJA**.- (v). **To be ahead/up. To lead.**
‹ **Proteger la VENTAJA**.- (v). **To protect the lead.**
2- (en altura). **Height advantage.** *"Jorge Garbajosa vió que tenía **ventaja** en altura y penetró a canasta: Jorge Garbajosa saw he had height adventage and drove to the basket".*

VESTUARIO.- (nm). **Changing room. Locker room.**

VICTORIA.- (nf). **Victory. Win.**
‹ **Asegurar(se)/Remachar la VICTORIA**.- (v). **To clinch.** (the victory). *"El CSKA Moscú se aseguró la victoria sobre el Khimki Moscú con una ventaja de diez puntos a falta de 30": CSKA Moscow clinched the victory over Khimki Moscow with a ten-point lead and 30" left".* } See a. GANAR.
‹ **Porcentaje de VICTORIAS**.- **Winning percentage.**
‹ **Racha/Serie de VICTORIAS**.- **Winning streak.**

VIOLACIÓN.- (nm). (infracción de las reglas en la que no existe contacto personal con un contrario o conducta antideportiva). **Violation.** (infraction of the rules that doesn't involve personal contact with an opponent or unsportsmanlike conduct).

VISIÓN DE JUEGO/CAMPO.- (nf). **Court sense. Floor sense.** *"De'Aaron Fox todavía tiene que mejorar su **visión de juego**: De'Aaron Fox still has to improve his court sense".*
‹ **Tener VISIÓN de juego/campo**.- (v). **To see the court.**

VISIÓN PERIFÉRICA.- (nf). (visión lateral/'con el rabillo del ojo'). **Peripheral vision.** (side vision/'corner-of-the-eye' vision). *"Raül López destaca como base por su gran **visión periférica**: Raül López stands out as a point-guard because of his great peripheral vision".*

Z

ZANCADILLA.- (nf). (falta). **Trip(ping).** (foul).
‹ **Echar/Poner la ZANCADILLA**.- (v). (a alguien). **To trip (somebody) up.**

ZONA.- (nf). **1**- (área restringida). **a)** (zona de tiro libre). **Free throw area.** (restricted area). } See a. TIRO LIBRE.
‹ **Exterior de la ZONA**.- **Outside of the lane. Perimeter.**
‹ **Interior de la ZONA**.- **Inside.** (of the lane).
‹ **Medio de la ZONA**.- (área imaginaria). **Middle.** (imaginary area). } See MEDIO.
b) (zona de tres segundos). **3" area/lane.**
‹ **Violación de la regla de los 3"**.- **3" violation.** } See TRES SEGUNDOS.
2- (sistema defensivo). **Zone.** (defensive system). } See DEFENSA(2).
‹ **ZONA presionante**.- **Zone press. Zone trap.**
‹ **Ataque contra ZONA**.- **Zone offense.**
‹ **Defensa en ZONA**.- **Zone defense.**
‹ **Jugar/Defender en ZONA**.- (v). **To play zone.** *"Zeljko Obradovic ordenó a su equipo **jugar en zona** el último cuarto: Zeljko Obradovic ordered his team to play zone for the last quarter".*

3.1. <u>LISTA DE TÉRMINOS EN EL DICCIONARIO ESPAÑOL-INGLÉS</u>

El número indica los términos por secciones: (1-6)

1- CAMPO Y CANASTAS
2- REGLAS Y ARBITRAJE
3- FUNDAMENTOS
4- TACTICAS
5- JUGADORES Y EQUIPOS
6- PARTIDOS Y COMPETICIONES

A

ABAJO. 1.4.6
ACCIÓN DE TIRAR. 2.
ACERTAR. 4
ACLARAR. 4
ACOMPAÑAMIENTO. 2
ACOMPAÑAR. 2
ACOSAR. 4
ACTA. 2
ADELANTE. 1
ADENTRO. 1
ADVERSARIA/O. 5
AFUERA. 1
AGARRAR. 2
AGARRÓN. 2
AGUANTAR EL BALÓN. 4
AISLAR. 4
AJUSTAR. 4
AJUSTE. 4
ALA. 1.5
ALERO. 5
ALINEACIÓN. 5
ALINEAR. 4
ALIUP. 3
ALTURA. 4
AMAGAR. 3
AMAGO. 3
ANOTACIÓN. 2
ANOTADOR/A. 2.5
ANOTAR. 2.3
ANTICIPACIÓN. 3
ANTICIPARSE. 3
ANTIDEPORTIVA. 2
ANULAR. 2
APERTURA. 4
APUNTAR. 2
ARBITRAJE. 2
ARBITRAR. 2
ÁRBITRO. 2
ÁREA. 1
ARO. 1
ARRANCADA. 3
ARRIBA. 1.4.6
ASIGNACIÓN. 4
ASIGNAR. 4
ASISTENCIA. 3
ATACANTE. 5
ATACAR. 4
ATAQUE. 2.4
ATRÁS. 1
AYUDA. 3

AYUDAR. 3

B

BAJAR. 3
BALANCE. 4
BALÓN. 2
BALONCESTISTA. 4
BALONCESTO. 6
BALONCESTO CONTROL. 4
BALÓN MUERTO. 2
BALÓN PERDIDO. 2
BALÓN RECUPERADO. 3
BALÓN RETENIDO. 2
BALÓN RETENIDO 5". 2
BALÓN SUELTO. 2
BALÓN VIVO. 2
BANCO. 2
BANDA. 1
BANDEJA. 3
BANQUILLO. 1.5
BASE. 5
BATIR. 6
BLOQUE. 5
BLOQUEADOR/A. 5
BLOQUEAR. 2.3
BLOQUEO. 2.3
BLOQUEO ILEGAL. 2
BOCINA. 2
BOLA. 2
BOMBILLA. 1
BOTAR. 3
BOTE. 3
BOTELLA. 1

C

CAJA/CAJÓN Y UNO. 4
CALENTAMIENTO. 3
CALENTAR. 3
CALENTARSE. 3
CALIENTE. 6
CALLE. 4
CAMBIAR. 3.4
CAMBIO. 3.4
CAMINAR. 2
CÁMINO. 2
CAMPEONATO. 6
CAMPO. 1
CAMPO ATRÁS. 2
CANASTA. 1.2.
CANCHA. 1
CAPITÁN/A. 5

CARGA. 2
CARGAR. 2
CASTIGAR. 2
CASTIGO. 2
CESTA. 1
CESTO. 1
CINCO. 5
CINCO SEGUNDOS. 2
CÍRCULO. 1
CLASIFICACIÓN(ES). 6
CLASIFICARSE. 6
CLAVAR. 3
CLINIC. 4
CLUB. 6
CODAZO. 2
COGER. 4
COMETER. 2
COMPETICIÓN. 6
COCEDER. 2
CONDUCTA ANTID... 2
CONECTAR. 3
CONFERENCIA. 6
CONGELAR EL BALÓN. 4
CONTACTO. 2
CONTINUACIÓN. 2
CONTRA. 2
CONTRAATACAR. 4
CONTRAATAQUE. 4
CONTRARIA/O. 5
CONTROL. 3.4
CONTROLAR. 3.4
CONVERTIR. 3
CORRER. 3
CORTADOR/A. 5
CORTAR. 3
CORTE. 3
CRONOMETRADOR/A. 2
CRONOMETRAJE. 2
CRONOMETRAR. 2
CRONÓMETRO. 2
CRUCE. 3.4
CUÁDRUPLE DOBLE. 6
CUARTO. 2
CUATRO ESQUINAS. 4
CUBRIR. 3

D

DAR. 2
DEBAJO. 1
DECIDIR. 2
DECISIÓN. 2
DECRETAR. 2

4. <u>EJERCICIOS Y PASATIEMPOS DIDÁCTICOS DE BALONCESTO EN INGLÉS</u>

Exercise 1: FOUL OR VIOLATION?

1) Carrying.

2) Charging.

3) Double dribble.

4) Hacking.

5) Holding.

6) Over and back.

7) Pushing.

8) Traveling.

FOULS

* _______________

* _______________

* _______________

* _______________

VIOLATIONS

* _______________

* _______________

* _______________

* _______________

Exercise 2: PASSING OR SHOOTING?

1- Banker
4- Chest
7- Flip
10- Overhead

2- Behind-the-back
5- Dunk
8- Jumper
11- Set

3- Bounce
6- Flick
9- Lay-up
12- Turnaround

PASSING
==========

* _______________

* _______________

* _______________

* _______________

* _______________

* _______________

SHOOTING
============

* _______________

* _______________

* _______________

* _______________

* _______________

* _______________

<u>**Exercise 3: FIND THE DEFINITION**</u>

to back.............( )   to box out.....( )
to clear out.....( )   to cut.............( )
to drive............( )   to outlet........( )
to pivot............( )   to swish.........( )
to throw in......( )   to trap...........( )

(1). To defend an opponent from behind.

(2). To defend two-on-one an opponent with the ball.

(3). To keep one foot in place while moving the other.

(4). To leave open a section of the court on attack.

(5). To make a quick move towards the basket with the ball.

(6). To make a sudden change of direction.

(7). To pass the ball after a defensive rebound.

(8). To position oneself between an opponent and the basket to get a rebound.

(9). To put the ball in play from out of bounds.

(10). To score a basket without touching the rim.

<u>**Exercise 4: GIVE THE NAME OF THE PLAYER WHO...**</u>

1). plays "low" or "high". > ____________________________

2). calls for the set plays. > ____________________________

3). plays against you. > __________________________

4). comes from behind on a fastbreak. > ____________________________

5). can play in two different positions. > ____________________________

6). replaces a teammate in a game. > __________________________

7). plays his first NBA season. > __________________________

8). plays his first NCAA season. > __________________________

<u>**Exercise 5: WRITE THE ANSWERS TO THE QUESTIONS ABOUT THIS BOX SCORE.**</u>

Westinghouse Warriors.

		PTS.	FGM/FGA.	FTM/FTA.	RB.	AS.	PF.	MIN.
Jones	>	7	1/4	5/6	3	1	5	22
Williams	>	23	9/11	3/5	4	2	3	38
Dickson	>	18	5/14	5/5	8	1	2	32
Collins	>	6	3/6	0/2	1	0	3	18
Key	>	11	5/9	1/3	1	9	4	36
Shell	>	3	0/2	3/4	0	1	1	17
Duncombe	>	16	8/14	0/1	10	4	4	37
TOTAL >		84	31/60	17/26	27	18	22	200

Lewisburg Spartans.

		PTS.	FGM/FGA.	FTM/FTA.	RB.	AS.	PF.	MIN.
Johnson	>	11	4/6	3/4	6	0	5	22
Coles	>	5	1/7	3/5	16	1	4	32
Barkley	>	33	12/18	5/7	7	2	3	40
Drisdom	>	9	3/8	3/3	2	3	5	20
Mc Fadden	>	7	3/5	0/1	0	12	3	34
King	>	3	1/2	1/2	3	0	2	8
Davis	>	18	8/8	2/2	5	2	4	38
Taylor	>	2	0/0	2/2	1	0	0	6
TOTAL >		88	32/54	19/26	40	20	26	200

1- Who was the high scorer in the game? _________________________________
2- How many players scored in double figures? ___________________________
3- Name all players who fouled out. ____________________________________
4- Which player did not miss a shot? ___________________________________
5- Who was the game's top rebounder? _________________________________
6- Who led the game in assists? _______________________________________
7- Which team had the best field goal percentage? ________________________
8- Which team had the best free throw percentage? ________________________
9- Which player played least of all? ___________________________________
10- What was the final score of the game? ______________________________
11- How many points did Dickson score? ________________________________
12- Which team won "the battle of the boards"? __________________________
13- Which player did not commit a foul? ________________________________
14- Which players on both teams are the playmakers? _____________________
15- Which players scored 3-pointers? ___________________________________

<u>**Exercise 6: FIND THE RIGHT EXPRESSIONS WITH THE VERBS ON COLUMN A AND THE OBJECTS ON COLUMN B.**</u>

<u>A</u>

<u>B</u>

(1) to draw   ( ) a shot   (1) ....
(2) to block   ( ) a rebound   (2) ....
(3) to grab   ( ) a pick   (3) ....
(4) to run out   ( ) a foul   (4) ....
(5) to come off ( ) the clock   (5) ....

(1) to make   ( ) glass   (1) ....
(2) to set   ( ) an attempt (2) ....
(3) to run   ( ) the ball   (3) ....
(4) to protect ( ) a pick   (4) ....
(5) to go   ( ) a fastbreak (5) ....

(1) to get   ( ) a move   (1) ....
(2) to set up   ( ) one-on-one (2) ....
(3) to have   ( ) open   (3) ....
(4) to make   ( ) a hot hand   (4) ....
(5) to play   ( ) the tempo   (5) ....

(1) to commit   ( ) a shot   (1) ....
(2) to miss   ( ) ends   (2) ....
(3) to change   ( ) the bench   (3) ....
(4) to come off ( ) the ball   (4) ....
(5) to handle   ( ) a foul   (5) ....

(1) to score   ( ) a ball   (1) ....
(2) to steal   ( ) a timeout   (2) ....
(3) to establish ( ) a player   (3) ....
(4) to request ( ) a 3-pointer (4) ....
(5) to sideline ( ) position   (5) ....

(1) to block   ( ) and roll   (1) ....
(2) to read   ( ) baskets   (2) ....
(3) to pick   ( ) a jumper   (3) ....
(4) to shoot   ( ) a defense   (4) ....
(5) to choose   ( ) a pass   (5) ....

(1) to help   ( ) a set play   (1) ....
(2) to play   ( ) and recover (2) ....
(3) to recover ( ) a free throw (3) ....
(4) to hit   ( ) zone   (4) ....
(5) to call for ( ) position   (5) ....

Exercise 7: WRITE THE WORD THAT BEST COMPLETES EACH BLANK SPACE.

Isiah Thomas (1)_____________ 16 of his 33 points in the 4th (2)____________ to lead the Pistons to a 102-99 (3) ______________ against Portland. The Pistons (4) _____________ most of the game until Thomas (5) ____________ a 3-pointer with 2:42 left. The Pistons (6) ______________ the Trail Blazers 20-6 in the final 5:00 to overcome a 10-point (7) ______________ in Game 2 of the (8) _____________ series of the NBA finals.

(1)	**(2)**	**(3)**	**(4)**
a). played	a). game	a). defeat	a). trailed
b). missed	b). quarter	b). rout	b). were ahead
c). shot	c). half	c). loss	c). lost
d). scored	d). series	d). win	d). led

(5)	**(6)**	**(7)**	**(8)**
a). attempted	a). outplayed	a). burst	a). best-of-3
b). hit	b). outshot	b). streak	b). best-of-5
c). faked	c). outrebounded	c). advantage	c). best-of-7
d). dunked	d). outscored	d). deficit	d). best-of-9

Exercise 8: COMPLETE THE TEXT USING THE MISSING WORDS.

"Detroit knotted the ______________ at 90 when Thomas, who scored a game-high 29 points, sank an 18-foot ______________ from the top of the ______________ with 36.5 seconds remaining. Porter ______________ the ball while ______________ down the lane with 20.1 seconds left, giving the Pistons the chance to ______________ for the last shot. Thomas, who had produced in the clutch all ______________ long, dribbled the clock down and ______________ to Johnson in the right ______________, who threw a head ______________ on Kersey and ______________ a 14-footer with 0.7 seconds remaining to give the Pistons their second straight NBA World Championship.
Thomas, who ______________ 27.6 points, 5.2 rebounds and 7 assists per game in the Finals while ______________ 11-for-16 from three-point ______________, was the unanimous choice of an 11-member media panel as the NBA Finals Most Valuable Player."

(from 'HOOP'. NBA magazine)

Missing words:

Verbs : averaged / dished / driving /lost / nailed / play / shooting

Nouns : corner / fake / jumper / key / range / score / series

QUESTION > What was the final score? > ______________________

<u>**Exercise 9: WRITE DOWN THE OPPOSITES OF THE FOLLOWING PLAYERS.**</u>

a). Attacker >   ....

b). Backcourtman >   ....

c). Starter >   ....

d). Opponent >   ....

e). Receiver >   ....

<u>Exercise 10: DEFENSE or OFFENSE?</u>

Box-and-one	Denial	Delay game
Four corner	Freewheeling	Match-up
Pressure	Running	Sagging
Set	Triangle and two	Up-tempo

<u>DEFENSE</u>   <u>OFFENSE</u>

1- __________________   1- __________________

2- __________________   2- __________________

3- __________________   3- __________________

4- __________________   4- __________________

5- __________________   5- __________________

6- __________________   6- __________________

<h2 style="text-align:center"><u>Exercise 11: SYNONYMS (NOUNS).</u></h2>

a). Exercise	....	Backboard
b). Pattern	....	Drill
c). Pace	....	Field
d). Court	....	Hoop
e). Glass	....	Outcome
f). Basket	....	Perimeter
g). Official	....	Referee
h). Technique	....	Rim
i). Outside	....	Skill
j). Position	....	Stance
k). Ring	....	System
l). Result	....	Tempo

<h2 style="text-align:center"><u>Exercise 12: SYNONYMS (VERBS).</u></h2>

a). Shift	....	Bench
b). Cover	....	Convert
c). Drive	....	Defeat
d). Call	....	Guard
e). Double-team	....	Jam
f). Hit	....	Penetrate
g). Shoot	....	Switch
h). Slam dunk	....	Throw
i). Practice	....	Trap
j). Sideline	....	Walk
k). Outscore	....	Whistle
l). Travel	....	Work out

<u>Exercise 13: FILL IN WITH THE PREPOSITIONS FROM THE LIST:</u>

ON,ON,ON,ON,AT,AT,BY,BY,IN,FROM.

a). She was hit on her arm __________ the act of shooting.
b). He scored both attempts __________ the free throw line.
c). She hit a 3-pointer __________ the buzzer.
d). They were trailing __________ four points.
e). The referee called a foul __________ the offensive player.
f). He was fouled __________ his defender.
g). The score was tied __________ the half-time.
h). He drew a personal foul __________ his penetration.
i). They won three straight games __________ the road.
j). They tied the game __________ a 17-3 run.

<h1 style="text-align:center"><u>Exercise 14: WORD SEARCH!</u></h1>

(Names are formed in the diagram forwards, backwards, up, down and diagonally).

1- Find in the diagram the name of the player…

who sets a pick >	P	I	R	E	K	C	I	P	O
who scores a basket >	L	L	A	R	L	N	O	K	P
who plays on the backcourt >	D	R	A	U	G	A	E	D	P
who plays on the frontcourt >	B	E	K	Y	U	T	R	O	O
who plays against you >	P	R	E	C	M	A	N	A	N
who runs a team's offense >	A	O	Y	B	W	A	C	V	E
	Z	C	O	R	R	W	K	U	N
	R	S	O	F	L	N	R	E	T
	A	F	P	G	I	E	M	P	R

2- Find in the diagram six different kinds of shots and fill in the words in the SHOTS column (the first letter is given).

SHOTS:								
	B	K	O	O	H	B	U	T
	T	O	N	O	N	F	O	K
B…	M	U	T	L	B	S	T	N
D…	B	E	D	H	A	J	L	U
H…	S	D	A	D	N	Y	S	D
J…	U	L	D	H	K	L	U	E
L…	J	U	M	P	E	R	W	P
S…	E	J	E	A	R	F	S	I

3- Find in the diagram six different kinds of passes and fill in the words in the PASSES column (the first letter is given)

PASSES:								
	O	U	T	L	E	T	L	M
	U	V	L	N	T	Y	L	O
B…	P	O	E	A	S	D	A	C
B…	B	R	X	R	E	G	B	F
C…	A	M	B	S	H	D	E	L
F…	B	O	U	N	C	E	S	W
L…	L	B	J	C	U	K	A	Y
O…	K	C	I	L	F	O	B	D

CROSSWORD 1

ACROSS:

1.- He or she is needed in "the battle of the boards".
6.- Defeated.
7.- Not 'high'.
8.- A sudden move towards the basket.
11.- Assignments.
13.- Attempt.
15.- Scoring everything. Hot.
17.- Lists of the players of the teams.

DOWN:

1.- Scoring streak.
2.- To waste an easy play.
3.- In or into the frontcourt.
4.- Trailing in a game.
5.- Distances of shooting.
9.- Turnovers. (abrv).
10.- Offensive rebounds.
12.- Free throw area.
13.- Tip the ball.
14.- To give and ...
15.- Overtime (abrv).
16.- Assists (abrv).

CROSSWORD 2

ACROSS:
1.- Imaginary area around the free throw line.
3.- To score (with 'up').
5.- Drive into the lane.
8.- A best-of-seven play-off ...
10.- High Score (abrv).
11.- A pass that leads to a basket.
14.- Point (abrv).
15.- Low and high position.
16.- Offensive half of the court.

DOWN:
1.- Most Valuable Player.
2.- Stuffs.
3.- Trajectories.
4.- Personal foul (abrv).
6.- Five (a team).
7.- Jump.
9.- Outcome.
12.- 'All ... Game'.
13.- Turnovers (abrv).
15.- Not amateur.

CROSSWORD 3

ACROSS:
1.- A foul.
4.- Recognizes the opponents' defense.
6.- Kind of pass.
8.- Points for a free throw.
10.- Tap in.
12.- Ties a game (with 'up').
13.- At home (abrv).
14.- Tries to score a basket.

DOWN:
1.- Loss of possession of the ball.
2.- .... a hot hand last night.
3.- To make a decision the referee.
5.- Throws.
7.- Dribbles the ball.
9.- Disqualify.
11.- Arm fake.
13.- At home (abrv).

CROSSWORD 4

ACROSS:
1.- Getting the post position.
6.- An offense and a shot.
7.- Seattle Supersonics (abrv).
8.- Overtime (abrv).
10.- Spins.
12.- Not missing a shot.
15.- Sets a task to a player on the court.

DOWN:
1.- Trap.
2.- Shooting positions.
3.- To leave a defender alone.
4.- Style of playing.
5.- Frontcourtmen.
8.- Man-...-man.
9.- To give and ...
11.- Rim. Hoop.
12.- Connect.
13.- Versus (abrv).
14.- Assists (abrv).

CROSSWORD 5

ACROSS:
1.- Free throw made.
6.- Can be 'out' or 'in'.
7.- Uncovered. Free.
8.- Draw.
9.- Man-...-man.
11.- Walking. Traveling.
13.- Turn of the body.
14.- Final result.
18.- ... and cut.
19.- Scores a basket.

DOWN:
2.- To pass the ball after a rebound.
3.- Puts out of a game.
4.- Hits a basket.
5.- Extra period.
10.- Man-...-man.
11.- Underhand lay-up.
12.- Tempos.
15.- Player.
16.- High score (abrv).
17.- Assists (abrv).

CROSSWORD 6

ACROSS:
1.- Defensive half-courts.
6.- Not a man-to-man defense.
7.- Timekeeper.
8.- Offensive rebounds (abrv).
9.- Disqualified.
10.- Pass ... the ball!
12.- Free throws made (abrv).
14.- Backcourt violation: ... and back.
16.- ...-seconds backcourt violation.
17.- Defensive players.

DOWN:
1.- End of the game signal.
2.- To score a basket.
3.- To get more rebounds.
4.- Baskets rings.
5.- Pick.
8.- Overtime (abrv).
11.- Under the rim.
12.- Feint.
13.- What a ...!
15.- Short for referees.

CROSSWORD 7

ACROSS:
1- A match-up disadvantage.
5- 3-point line.
7- Offensive rebounds (abrv).
8- Gain possession of the ball.
9- Free throw ...
11- Losing streak (abrv).
12- Under the rim.
13- Short for gymnasium.
14- Pace.
16- Connect.
17- Same as 7 across.
18- Overtime (abrv).
20- Winning in a game.
21- Free throw area.
23- Two-on-...
25- Midcourt, free throw, end, etc.
26- ...-second violation.
27- one-...-one.
28- Field goals (abrv).
29- A first-year NBA player.
30- Draw.

DOWN:
1- Fail a shot.
2- Cross-over ...
3- Dunk after a lob pass near the basket.
4- Decison of the referee.
5- Sports hall.
6- Frontcourtman.
7- Scoring everything.
10- Task of a player on the court.
13- Games played (abrv).
14- Player who comes from behind on a fastbreak.
15- Player.
17- Uncovered.
19- Tip.
22- Strong and ... side.
24- Victory by a narrow margin.
26- Man-...-man.

CROSSWORD 8

ACROSS:
1 - ...-and-two. (defensive system).
6 - High and ... post.
8 - Advantage.
9 - Games Lost (abrv).
10 - Refuses the possession of the ball.
12 - Losing streak (abrv).
14 - Reserve.
17 - Overtime (abrv).
18 - On the road (abrv).
19 - A ...-point basket.
22 - High score (abrv).
23 - To block a pass.
25 - To ... a fastbreak.
26 - Arm fake.
27 - Scorers.

DOWN:
2 - Pick and ...
3 - Called (the referee).
4 - Give and ...
5 - Tied.
6 - Paint.
7 - Victory.
9 - Backcourtman.
10 - Slam ... Contest.
11 - Not fast.
13 - On the count of one or two.
15 - Coach.
16 - Man-...-man.
19 - With "off", start of the game.
20 - Traveling.
21 - Penetration.
22 - ... and recover.
24 - To clock.
25 - Basket ring.

CRUCIGRAMA BILÍNGÜE ESPAÑOL/INGLÉS 1

(las respuestas están en español y las preguntas en inglés).

ACROSS:
1 - A rejected shot.
3 - Personal foul (abrv).
7 - Half-time.
9 - To win.
11 - Spins given to the ball.
13 - Forward.
14 - Turns the body.
16 - Gave the ball to a team mate.
17 - Side line.

DOWN:
1 - A three-point basket.
2 - Whistled.
4 - They ask for the ball.
5 - Overtime.
6 - Fake.
8 - Connected a shot.
10 - Gives a task on the court.
12 - Personal or technical.
15 - Under the rim.

CRUCIGRAMA BILÍNGÜE ESPAÑOL/INGLÉS 2

(las respuestas están en español y las preguntas en inglés).

ACROSS:
1 - "High" or "low".
4 - Inbounds the ball.
6 - Courts.
7 - Backboard.
8 - Timeout.
10 - Shoots.
12 - Free throw ...
14 - Registers on the scoresheet.
17 - Steals (abrv).
18 - Pressing.

DOWN:
1 - Screen.
2 - Whistle.
3 - Ties the game.
4 - Pattern of playing.
5 - Left a defender alone.
9 - Back ... play.
11 - Lanes.
13 - Rebounds (abrv).
15 - The opponent one is defending.
16 - Part of the basket.
19 - Assists (abrv).

4.1. <u>SOLUCIONES A LOS EJERCICIOS Y PASATIEMPOS DIDÁCTICOS DE BALONCESTO EN INGLÉS</u>

<u>**Exercise 1: Foul or violation?**</u>

<u>FOULS</u>

*   Charging.

*   Hacking.

*   Holding.

*   Pushing.

<u>VIOLATIONS</u>

*   Carrying.

*   Double dribble.

*   Over and back.

*   Traveling.

<u>**Exercise 2: Passing or shooting?**</u>

<u>PASSING</u>

- 2) Behind-the-back

- 3) Bounce

- 4) Chest

- 6) Flick

- 7) Flip

- 10) Overhead

<u>SHOOTING</u>

- 1) Banker

- 5) Dunk

- 8) Jumper

- 9) Lay-up

- 11) Set

- 12) Turnaround

<u>**Exercise 3: Find the definition.**</u>

to back...........(1)

to clear out......(4)

to drive..........(5)

to pivot..........(3)

to throw in.......(9)

to box out.......(8)

to cut..........(6)

to outlet........(7)

to swish.........(10)

to trap..........(2)

Exercise 4: Give the name of the player who...

1). plays "low" or "high".	POST
2). calls for the set plays.	PLAYMAKER/POINT-GUARD
3). plays against you.	OPPONENT
4). comes from behind on a fastbreak.	TRAILER
5). can play in two different positions.	SWINGMAN
6). replaces a teammate in a game.	SUBSTITUTE
7). plays his first NBA season.	ROOKIE
8). plays his first NCAA season.	FRESHMAN

Exercise 5: Write answers to the questions about this box score.

1- Who was the high scorer in the game? **Barkley (WW) 33 points.**

2- How many players scored in double figures? **7 players (4 of WW and 3 of LS).**

3- Name all players who fouled out. **Jones (WW). Johnson and Drisdom (LS).**

4- Which player did not miss a shot? **Davis (LS).**

5- Who was the game's top rebounder? **Coles (LS) 16 rebounds.**

6- Who led the game in assists? **Mc Fadden (WW) 12 assists.**

7- Which team had the best field goal percentage? **Lewisburg S. 32/54**

8- Which team had the best free throw percentage? **Lewisburg S. 19/26**

9- Which player played least of all? **Taylor (LS) 6 minutes.**

10- What was the final score of the game?. **Lewisburg S. 88 - Westinghouse W. 84**

11- How many points did Dickson score?. **18 points.**

12- Which team won "the battle of the boards"? **Lewisburg S. 40 rebounds.**

13- Which player did not commit a foul? **Taylor (LS).**

14- Which players on both teams are the playmakers? **Duncombe (12 assists). (WW). Mc Fadden (16 assists). (LS).**

15- Which players scored 3-pointers? **Williams 2 and Dickson 3. (WW). Barkley 6 and Mc Fadden 1. (LS).**

Exercise 6: Find the right expressions with the verbs on column A and the objects on column B.

A	**B**

(1) to draw   a foul
(2) to block   a shot
(3) to grab   a rebound
(4) to run out   the clock
(5) to come off   a pick

(1) to make   an attempt
(2) to set   a pick
(3) to run   a fastbreak
(4) to protect   the ball
(5) to go   glass

(1) to get   open
(2) to set up   the tempo
(3) to have   a hot hand
(4) to make   a move
(5) to play   one-on-one

(1) to commit   a foul
(2) to miss   a shot
(3) to change   ends
(4) to come off   the bench
(5) to handle   the ball

(1) to score   a 3-pointer
(2) to steal   a ball
(3) to establish   position
(4) to request   a timeout
(5) to sideline   a player

(1) to block   a pass
(2) to read   a defense
(3) to pick   and roll
(4) to shoot   a jumper
(5) to choose   baskets

(1) to help   and recover
(2) to play   zone
(3) to recover   position
(4) to hit   a free throw
(5) to call for   a set play

Exercise 7: Write the word that best completes each blank space.

Isiah Thomas (1-d. **SCORED**) 16 of his 33 points in the 4th (2-b. **QUARTER**) to lead the Pistons to a 102-99 (3-d. **WIN**) against Portland. The Pistons (4-a. **TRAILED**) most of the game until Thomas (5-b. **HIT**) a 3-pointer with 2:42 left. The Pistons (6-d. **OUTSCORED**) the Trail Brazers 20-6 in the final 5:00 to overcome a 10-point (7-d. **DEFICIT**) in Game 2 of the (8-c. **BEST-OF-7**) series of the NBA finals.

Exercise 8: Complete the text using the missing words.

"Detroit knotted the **SCORE** at 90 when Thomas, who scored a game-high 29 points, sank an 18-foot **JUMPER** from the top of the **KEY** with 36.5 seconds remaining. Porter **LOST** the ball while **DRIVING** down the lane with 20.1 seconds left, giving the Pistons the chance to **PLAY** for the last shot.
Thomas, who had produced in the clutch all **SERIES** long, dribbled the clock down and **DISHED** to Johnson in the right **CORNER**, who threw a head **FAKE** on Kersey and **NAILED** a 14-footer with 0.7 seconds remaining to give the Pistons their second straight NBA World Championship.
Thomas, who **AVERAGED** 27.6 points, 5.2 rebounds and 7 assists per game in the Finals while **SHOOTING** 11-for-16 from three-point **RANGE**, was the unanimous choice of an 11-member media panel as the NBA Finals Most Valuable Player."

(from 'HOOP', NBA magazine)

QUESTION.- What was the final score?   **DETROIT 92 - PORTLAND 90**

Exercise 9: Write down the opposites of the following players.

a). Attacker	....	**DEFENDER**
b). Backcourtman	....	**FRONTCOURTMAN**
c). Starter	....	**RESERVE/ALTERNATE/BACK UP**
d). Opponent	....	**TEAMMATE**
e). Receiver	....	**PASSER**

Exercise 10: Defense or offense?

DEFENSE	OFFENSE
Box-and-one	Delay game
Denial	Four corner
Match-up	Freewheeling
Pressure	Running
Sagging	Set
Triangle and two	Up-tempo

Exercise 11: Synonyms (nouns).

a). Exercise	............e) Backboard
b). Pattern	............a) Drill
c). Pace	............d) Field
d). Court	............f) Hoop
e). Glass	............l) Outcome
f). Basket	............i) Perimeter
g). Official	............g) Referee
h). Technique	............k) Rim
i). Outside	............h) Skill
j). Position	............j) Stance
k). Ring	............b) System
l). Result	............c) Tempo

Exercise 12: Synonyms (verbs).

a). Shift	............j) Bench
b). Cover	............f) Convert
c). Drive	............k) Defeat
d). Call	............b) Guard
e). Double-team	............h) Jam
f). Hit	............c) Penetrate
g). Shoot	............a) Switch
h). Slam dunk	............g) Throw
i). Practice	............e) Trap
j). Sideline	............l) Walk
k). Outscore	............d) Whistle
l). Travel	............i) Work out

Exercise 13: Fill in with the prepositions from the list:

ON, ON, ON, ON, AT, AT, BY, BY, IN, FROM.

a). She was hit on her arm **IN** the act of shooting.
b). He scored both attempts **FROM** the free throw line.
c). She hit a 3-pointer **AT** the buzzer.
d). They were trailing **BY** four points.
e). The referee called a foul **ON** the offensive player.
f). He was fouled **BY** his defender.
g). The score was tied **AT** the half-time.
h). He drew a personal foul **ON** his penetration.
i). They won three straight games **ON** the road.
j). They tied the game **ON** a 17-3 run.

<h1 style="text-align:center"><u>Exercise 14: WORD SEARCH!</u></h1>

(Names are formed in the diagram forwards, backwards, up, down and diagonally).

1- Find in the diagram the name of the player…

who sets a pick >	P	I	R	E	K	C	I	P	O
who scores a basket >	L	L	A	R	L	N	O	K	P
who plays on the backcourt >	D	R	A	U	G	A	E	D	P
who plays on the frontcourt >	B	E	K	Y	U	T	R	O	O
who plays against you >	P	R	E	C	M	A	N	A	N
who runs a team's offense >	A	O	Y	B	W	A	C	V	E
	Z	C	O	R	R	W	K	U	N
	R	S	O	F	L	N	R	E	T
	A	F	P	G	I	E	M	P	R

2- Find in the diagram six different kinds of shots and fill in the words in the SHOTS column (the first letter is given).

SHOTS:	B	K	O	O	H	B	U	T
	T	O	N	O	N	F	O	K
B…	M	U	T	L	B	S	T	N
D…	B	E	D	H	A	J	L	U
H…	S	D	A	D	N	Y	S	D
J…	U	L	D	H	K	L	U	E
L…	J	U	M	P	E	R	W	P
S…	E	J	E	A	R	F	S	I

3- Find in the diagram six different kinds of passes and fill in the words in the PASSES column (the first letter is given).

PASSES:	O	U	T	L	E	T	L	M
	U	V	L	N	T	Y	L	O
B…	P	O	E	A	S	D	A	C
B…	B	R	X	R	E	G	B	F
C…	A	M	B	S	H	D	E	L
F…	B	O	U	N	C	E	S	W
L…	L	B	J	C	U	K	A	Y
O…	K	C	I	L	F	O	B	D

CROSSWORD 1: Answers.

1 R	E	2 B	O	U	3 N	D	4 E		5 R
A		L		P		O			A
L		O		C		6 W	O		N
7 L	O	W		O		N			G
Y			8 C	U	9 T				E
	10 O			11 R	O	12 L	E	S	
13 T	R	Y		T		A			
A			14 G		15 O	N		16 A	
P		17 R	O	S	T	E	R	S	

CROSSWORD 2: Answers.

1 M	I	2 D	D	L	E		3 P	O	4 P
V		U					A		F
5 P	E	N	E	T	R	A	T	E	
		K				H			6 Q
7 L		8 S	E	9 R	I	E	S		U
E				E			10 H		I
11 A	12 S	S	I	S	T		13 T		N
14 P	T			U		15 P	O	S	T
	A			L		R			E
16 F	R	O	N	T	C	O	U	R	T

CROSSWORD 3: Answers.

¹T	E	C	²H	N	I	³C	A	L
U			A			A		
⁴R	E	A	D	⁵S		⁶L	O	⁷B
N				H		L		O
⁸O	N	⁹E		O				U
V		J		¹⁰T	I	¹¹P	I	N
¹²E	V	E	N	S		U		C
R		C		¹³H	M		E	
	¹⁴A	T	T	E	M	P	T	S

CROSSWORD 4: Answers.

¹P	O	²S	T	³I	N	⁴G	U	⁵P
R		P		S		A		I
E		O		O		M		V
⁶S	E	T		L		E		O
S		⁷S	E	A		⁸O	T	
	⁹G		¹⁰T	U	¹¹R	N	S	
¹²H	O	T	E		I			
I		¹³V			N		¹⁴A	
T		¹⁵A	S	S	I	G	N	S

CROSSWORD 5: Answers.

¹C	²O	N	V	³E	R	⁴S	I	⁵O	N
	U			J		C		V	
	⁶T	I	M	E		⁷O	P	E	N
	L			C		R		R	
	E		⁸T	I	E		⁹T	¹⁰O
¹¹S	T	E	¹²P	S		¹³S	P	I	N
C			A					M	
¹⁴O	U	T	C	O	¹⁵M	E		E	
O			E		A		¹⁶H		¹⁷A
¹⁸P	A	S	S		¹⁹N	A	I	L	S

CROSSWORD 6: Answers.

¹B	A	²C	K	C	³O	U	⁴R	T	⁵S
U		O			U		I		C
⁶Z	O	N	E		⁷T	I	M	E	R
Z		N		⁸O	R		S		E
⁹E	J	E	C	T	E	D		¹⁰M	E
R		C			B		¹¹N		N
	¹²F	T	¹³M		¹⁴O	V	E	¹⁵R	
	A		O		U		¹⁶T	E	N
	K		V		N			F	
¹⁷D	E	F	E	N	D	E	R	S	

<table>
<tr><td>[1] M</td><td>I</td><td>[2] S</td><td>M</td><td>[3] A</td><td>T</td><td>[4] C</td><td>H</td><td>■</td><td>[5] A</td><td>R</td><td>[6] C</td></tr>
<tr><td>I</td><td>■</td><td>T</td><td>■</td><td>L</td><td>■</td><td>A</td><td>■</td><td>[7] O</td><td>R</td><td>■</td><td>E</td></tr>
<tr><td>[8] S</td><td>T</td><td>E</td><td>A</td><td>L</td><td>■</td><td>[9] L</td><td>[10] A</td><td>N</td><td>E</td><td>■</td><td>N</td></tr>
<tr><td>S</td><td>■</td><td>P</td><td>■</td><td>E</td><td>■</td><td>[11] L</td><td>S</td><td>■</td><td>[12] N</td><td>E</td><td>T</td></tr>
<tr><td>■</td><td>■</td><td>■</td><td>[13] G</td><td>Y</td><td>M</td><td>■</td><td>S</td><td>■</td><td>A</td><td>■</td><td>E</td></tr>
<tr><td>[14] T</td><td>E</td><td>[15] M</td><td>P</td><td>O</td><td>■</td><td>[16] H</td><td>I</td><td>T</td><td>■</td><td>[17] O</td><td>R</td></tr>
<tr><td>R</td><td>■</td><td>A</td><td>■</td><td>[18] O</td><td>[19] T</td><td>■</td><td>G</td><td>■</td><td>[20] U</td><td>P</td><td>■</td></tr>
<tr><td>A</td><td>■</td><td>N</td><td>■</td><td>[21] P</td><td>A</td><td>I</td><td>N</td><td>T</td><td>■</td><td>E</td><td>■</td></tr>
<tr><td>I</td><td>■</td><td>■</td><td>[22] W</td><td>■</td><td>P</td><td>■</td><td>M</td><td>■</td><td>[23] O</td><td>N</td><td>[24] E</td></tr>
<tr><td>[25] L</td><td>I</td><td>N</td><td>E</td><td>S</td><td>■</td><td>[26] T</td><td>E</td><td>N</td><td>■</td><td>■</td><td>D</td></tr>
<tr><td>E</td><td>■</td><td>■</td><td>A</td><td>■</td><td>■</td><td>[27] O</td><td>N</td><td>■</td><td>■</td><td>[28] F</td><td>G</td></tr>
<tr><td>[29] R</td><td>O</td><td>O</td><td>K</td><td>I</td><td>E</td><td>■</td><td>[30] T</td><td>I</td><td>E</td><td>■</td><td>E</td></tr>
</table>

<table>
<tr><td>1 T</td><td>2 R</td><td>I</td><td>3 A</td><td>N</td><td>4 G</td><td>L</td><td>5 E</td><td>■</td><td>6 L</td><td>O</td><td>7 W</td></tr>
<tr><td>■</td><td>O</td><td>■</td><td>W</td><td>■</td><td>O</td><td>■</td><td>V</td><td>■</td><td>A</td><td>■</td><td>I</td></tr>
<tr><td>■</td><td>8 L</td><td>E</td><td>A</td><td>D</td><td>■</td><td>■</td><td>E</td><td>■</td><td>N</td><td>■</td><td>N</td></tr>
<tr><td>9 G</td><td>L</td><td>■</td><td>R</td><td>■</td><td>10 D</td><td>E</td><td>N</td><td>I</td><td>E</td><td>11 S</td><td>■</td></tr>
<tr><td>U</td><td>■</td><td>■</td><td>D</td><td>■</td><td>U</td><td>■</td><td>■</td><td>■</td><td>■</td><td>12 L</td><td>13 S</td></tr>
<tr><td>14 A</td><td>L</td><td>15 T</td><td>E</td><td>R</td><td>N</td><td>A</td><td>16 T</td><td>E</td><td>■</td><td>17 O</td><td>T</td></tr>
<tr><td>R</td><td>■</td><td>18 R</td><td>D</td><td>■</td><td>K</td><td>■</td><td>O</td><td>■</td><td>19 T</td><td>W</td><td>O</td></tr>
<tr><td>D</td><td>■</td><td>A</td><td>■</td><td>20 S</td><td>■</td><td>21 D</td><td>■</td><td>22 H</td><td>I</td><td>■</td><td>P</td></tr>
<tr><td>■</td><td>■</td><td>23 I</td><td>N</td><td>T</td><td>E</td><td>R</td><td>C</td><td>E</td><td>P</td><td>24 T</td><td>■</td></tr>
<tr><td>25 R</td><td>U</td><td>N</td><td>■</td><td>E</td><td>■</td><td>I</td><td>■</td><td>L</td><td>■</td><td>I</td><td>■</td></tr>
<tr><td>I</td><td>■</td><td>E</td><td>■</td><td>P</td><td>■</td><td>V</td><td>■</td><td>26 P</td><td>U</td><td>M</td><td>P</td></tr>
<tr><td>27 M</td><td>A</td><td>R</td><td>K</td><td>S</td><td>M</td><td>E</td><td>N</td><td>■</td><td>■</td><td>E</td><td>■</td></tr>
</table>

CRUCIGRAMA BILÍNGÜE ESPAÑOL/INGLÉS 1: Answers.

(las respuestas están en español y las preguntas en inglés).

¹T	A	²P	O	N		³F	⁴P		⁵P	
R		I		⁶A		I		R		
⁷I	N	T	E	R	M	E	D	I	O	
P		O		A		E		R		
L			⁸A	⁹G	¹⁰A	N	A	R		O
¹¹E	¹²F	E	C	T	O	S		O		
	A		E		I		G			
¹³A	L	E	R	O		¹⁴G	I	¹⁵R	A	
	T		T		N		E			
¹⁶P	A	S	O		¹⁷B	A	N	D	A	

CRUCIGRAMA BILÍNGÜE ESPAÑOL/INGLÉS 2: Answers.

(las respuestas están en español y las preguntas en inglés).

¹P	O	²S	T	³E		⁴S	A	C	⁵A
A		I		M		I			I
N		L		⁶P	I	S	T	A	S
⁷T	A	B	L	A		T			L
A		A		⁸T	I	E	M	⁹P	O
¹⁰L	A	N	¹¹Z	A		M		U	
L			O			¹²A	¹³R	E	A
¹⁴A	¹⁵P	U	N	T	¹⁶A		¹⁷B	R	
	A		A		R			T	
¹⁸P	R	E	S	I	O	N		¹⁹A	S